세월의 바람 속에

현 대 수 필 가 1 0 0 인 선 · 0 4

세월의 바람 속에

박재식 수필선

좋은수필사

■ 책머리에

수필은 누구나 부담 없이 읽고, 마음만 먹으면 직접 쓸 수도 있는 가장 친근한 문학이다. 다른 영역의 문학이 영상매체에 밀려 신음하고 있는 중에도 수필 인구만은 날로 증가하여 바야흐로 수필 전성시대를 구가하고 있는 이유도 거기에 있을 것이다.

시대적 추세에 힘입어 수많은 수필전문지, 수필동인지가 창간되고, 이에 비례하여 신진 수필가도 날로 늘어나다 보니 이제는 그 많은 작가, 그 많은 작품 중에서 문학성 높은 작품을 가려 읽는 일이 쉽지 않게 되었다. 이런 현상은 작가에게나 독자에게나 결코 바람직한 일이 아니다. 더 나아가서는 수필을 연구하는 후세들에게도 큰 부담이 될 것이다.

이런 문제를 해결하는 데는 출판인도 마땅히 한몫을 감당해야 한다는 평소의 소신에 따라, 본사가 기꺼이 그 역할을 맡기로 했다. 그 첫 번째 사업으로 시대를 대표할 만한 수필가 100인을 선정하고, 작가가 자선한 40편 내외의 작품을 수록한 문고본을 발간하여 이를 널리 보급함으로써 그 소임을 다하고자 한다.

본사는 사명감을 가지고 이 사업을 추진해 나가기로 했다. 작가 선정을 전담할 편집위원회를 구성하고 전권을 위임하여 일체의 사적인 정실이나 청탁을 배제함으로써 전문성과 공정성을 확보해 나갈 것이다.

따라서 이 기획물 속에는 작가의 문학정신뿐만 아니라, 본사의 문학사적 기여 의지와 편집위원 제위의 수필문학에 대한 애정과 문인으로서의 양심이 함께 담겨 있음을 자부한다. 다만, 작가를 선정하는 기준에는 많은 견해의 차이가 있을 수 있고, 선정 과정에서도 미처 챙기지 못한 부분이 있을 것이라는 사실만은 인정하지 않을 수 없다. 이 점에 대해서는 관계자 여러분의 양해 있으시기 바란다.

이 시리즈의 발간 순서는 작가, 또는 본사의 사정에 의한 것일 뿐 그 밖의 어떤 기준도 적용하지 않았음을 밝힌다.

본 기획물이 시대를 초월한 많은 수필 애호가들의 관심과 애정 속에 우리나라 수필문학 발전에 한 이정표가 되기를 바랄 뿐이다.

2007년 10월

≪좋은수필≫ 발행인 서 정 환

현대수필가 100인선 간행 편집위원 박 재 식 최 병 호

정 진 권 강 호 형

변 해 명

1_부

2_부

3_부

4_부

1부

취미론趣味論

세월의 바람 속에

결혼은 도박이다

술맛

면도사 아가씨

수필로 쓴 수필론

죽음에 대하여

바람 소리

실연부失鳶賦

취미론趣味論

취미는 어디까지나 생활의 외도外道에 불과하다. 흔히 있는 일로 취미가 독서라고 할 때, 그것은 짬이 생기면 책 읽기를 즐긴다는 뜻이 되겠다. 그러나 대학 교수가 전문서적을 애써 읽는 독서는 취미가 될 수 없다. 그것은 교수의 직업이며 바탕된 생활이기 때문이다.

취미에는 언제나 아마추어적인 생소함과 비생산적인 향락의 요소가 따라야만 하기 때문이다.

외도가 지나치면 패륜을 빚듯이 사람이 취미에 너무 몰입하면 생활 그 자체를 파탄에 이끌기 쉽다. 바둑에 취미를 붙인 의사醫師가 환자를 마냥 기다리게 해놓고 기국碁局을 밀어놓지 못할 만큼 되었다면 그 병원은 미구에 문을 닫아야 할 것이다.

그러나 무취미한 생활, 몰취미한 인간은 대개 판에 박은 생활이나 딱장대 같은 위인을 두고 하는 말로서 남이 보기에도 답답하고 딱하게 마련이다. 더욱이 현대와 같이 기계 문명의 굴레를 쓰고 단조로운 생활의 쳇바퀴를 맴돌고 있는 메마른 풍토에서, 생활인이 기본된 생활 밖에 뭔가 취미를 가지려고 하는 것은 한갓 사치스런 모색이라고만은 할 수 없다. 그것은 생활의 회전을 원활하게 하고 인간의 감정을 윤택스럽게 만드는 기계의 윤활유와 같은 것이기 때문이다.

그렇다고 사람이면 누구나가 취미를 가져야 한다는 법은 없다. 세상에는 무취미한 생활 몰취미한 인간이 얼마든지 있다. 또한 그런 사람들일수록 생활에 권태를 느끼거나 세정世情이 메마르다는 생각을 하지 않는 것이 보통이다.

따지고 보면 취미의 개념에 뚜렷한 범주가 있는 것은 아니다. 그것은 다분히 주관적인 것이므로 생활인이 생활하는 가운데서 취미를 발견할 수도 있다. 상인이 연중무휴年中無休하여 악착스럽게 돈을 버는 재미도 그 나름대로의 취미가 될 수 있다. 그러나 취미는 역시 멋을 찾는 데 있다.

돈을 버는 재미는 생활의 보람으로 삼을 수는 있을망정 그 속에서 생활의 멋을 찾기란 연목구어緣木求魚와 같은 것이 아닐까?

그래서 그의 취미가 곧 그의 생업이 될 수 있는 사람은 행복할 듯하다. 그러나 정원 가꾸는 것을 취미로 삼는 사람이 정원사庭園師가 되었을 때의 화초를 매만지고 나무를 다듬는 일을 과연 그의 취미적 행위라고 할 수 있을까? 그가 일찍이 그 속에서 누리던 멋과 향락은 앙상한 직업적인 계산과 집념으로 변하여 단조롭고 권태스러운 작업이 되풀이되는 무미건조한 일과에 불과할 것이다.

그리고 취미에는 미덕이 있다. 본래 장이의 기술은 폐쇄적이고 배타적인 법이다. 청자의 신비가 후세의 요업窯業으로 전해지지 못한 것이 그런 까닭에 있다. 그러나 취미는 개방적인 것이어서 동호同好를 애써 끌여들이려는 돈후한 정의情宜가 있다. 자기가 갖는 취미의 자랑에 신바람이 나고, 터득한 묘미를 일러주는 데도 결코 인색하지 않다. 처음으로 동반하는 친구의 조황釣況에 마음 졸이는 것이 낚시꾼의 인정이고, 등산회登山會의 신입 회원은 그날의 귀빈이 된다. 이와 같이 하여 초심자初心者는 그 취미권에 서서히 동화해 가는 것이다.

또한 취미는 무상無償의 향락인 데에 그 진가眞價가 있다. 건강을 위해 등산을 한다든가, 낚시질은 정신 수양에 좋다는 것 등은 취미를 기르는 도상의 소득은 될망정 취미 그것의 영역은 아니다. 우리가 취미를 즐기면서 어떤 목적의식이 생겼을 때 이미 그 취미는 그것이 갖는 은은한 향기를 잃고 만다. 그 목적의식이 강하면 강할수록 취미의 빛은 점차 엷어져가고, 목적만이 남았을 때 취미는 영영 자취를 감추게 된다.

숫제 취미의 등산은 애써 정상을 정복하려고 하지 않는다. 목적지도 없이 마음 맞은 사람들끼리 얼려 가늠으로 오솔길을 더듬는다. 풀벌레 소리 솔바람 냄새를 호흡하면서, 굽이마다 솟아나는 봉우리의 경관을 감상하면서, 산바람 속에 땀을 식히고 계곡의 물을 떠서 목을 축이노라면, 신선한 삶의 기쁨이 산의 정취와 더불어 저절로 온몸을 아늑하게 감싸오는 것이다. 또한 취미의 낚시질은 수확에 집착하지 않는 법이다. 물론 낚는 재미가 낚시꾼의 취미로서는 으뜸가는 내용이 되는 것이지만, 그것은 그저 낚을 때의 짜릿한 긴장과 감각에서 느끼는 향락에 그칠 따름이다. 취미인의 낚시질은 그 맛만으로 하루해를 물가에 잠그는 것이 아니다.

이른 새벽 기구를 꾸려 메고 집을 나서는 행색으로부터 시작하여, 낚시터를 물색하는 것, 낚싯밥을 끼는 것, 낚시찌를 응시하며 호흡을 고르는 순간에 이르기까지 취미로운 낚시질은 마디마디에 건건한 멋이 깃드는 법이다. 설령 조황이 없을 때도 유연히 앉아 물 속에 잠긴 풍경을 바라보며 무념無念의 삶을 띄워보는 한 때도 버릴 수 없는 낚시질의 정취가 아닐 수 없다.

취미의 본령은 이와 같이 멋을 음미하는 곳에 있는 것이다.

즉, 취미 그것은 인간이 한때 순수한 멋 속에 자신의 인생을 담아 걸러보는 시간이요 공간인 것이다.

(1975)

세월의 바람 속에

조락凋落의 계절이 되면 문득 세월을 생각하는 버릇이 생겼다. 따가운 볕을 피해 나무 그늘을 찾던 것이 바로 엊그저껜데 벌써 성긋해진 나무에서 잎이 이우는 풍경을 바라보면 까닭없이 황량해지는 심사는 덧없는 세월을 좇게 된다.

세월은 내가 아주 어렸을 때의 기억에서부터 학생 시절, 20년, 10년 전으로 건성건성 뛰면서 나의 가슴속에 주름을 잡고 엉겼다가 다시 켕긴 줄이 튀기듯 아득히 멀어져 간다. 모두가 엊그저께 같은데……. 하는 감개에 젖노라면 세월이 몰아오는 소슬바람이 텅 빈 가슴속에 내 인생의 낙엽을 굴려간다.

세월은 유수와 같다. 한번 흘러가버리면 다시 돌아오지 않는 것이 세월이라고 한다. 그래서 인생무상은 항상 유수와 같은 세월과 결부하여 생긴 우리 동양의 안타까운 사상이다. 이 영겁永劫의 세월 속에서 일회적인 인생을 보존하고자 하는 인간의 비원이 서린 향수와 같은 사상이다.

산은 옛 산이로되
물은 옛 물이 아니로다.

세월과 함께 떠밀려 가버린 사람들을 그리워하는 옛 시인의 노래는 속된 감상 같으면서도 항상 우리들의 마음을 뭉클하게 만드는 애수의 진리가 있다. 옛일을 그리워하고 없어진 것을 아쉬워하는 마음은 흐르는 세월 속에 사람들이 살고 있기 때문에 어쩔 수 없는 숙명인지도 모른다. 우리가 옛사람들의 유물 앞에서 숙연해지고 미라의 신비에 매혹되는 까닭도 세월의 이끼가 우리들의 감정을 채색하기 때문이다.

그런데 흐르는 세월을 아쉬워하는 사람들은 겨울에 접어들면서부터 지레 봄을 기다리는 마음의 모순을 경험한다. "새해 아침은 저승으로 가는 길의 또 하나의 이정표. 기쁜 것 같기도 하고 슬픈 것 같기도 하다."라고 읊은 일본의 어느 옛 시인의 시구가 생각난다. 형기가 다하기를 기다리는 영어囹圄 속의 수인囚人처럼 세월을 기다리는 사람에게는 항상 인생의 공백이 뒤따른다.

- 젊은 부부가 북극으로 신혼여행을 갔다. 빙하를 건너다가 거대한 빙괴 틈바구니 속으로 남편이 빠져 버렸다. 수십 길

두꺼운 얼음장 속에 들어가 버린 사람은 그 시체조차 건져낼 길이 없었다. 그 지방 사람들의 말에 의하면 한 세기에 한 번씩 빙하의 유동기遊動期가 있는데 그 때라야 시체를 찾게 될 것이라고 한다. 그 주기는 50년 후에 온다는 것이다. 그로부터 50년이 지난 뒤, 칠순의 할머니가 된 그녀가 다시 그곳을 찾아왔다. 그리고 천연의 얼음장 속에서 20대의 젊음을 그대로 간직한 남편의 시신을 찾아낼 수 있었다. 그러나 신혼 때의 남편 모습을 바라보는 신부 아닌 칠순 노파의 감회는 어떠했을까. 50년을 거슬러 가는 그녀의 심정은 이를 데 없이 황량하고 허무했다. 반세기를 기다린 보람은 가혹한 세월의 바람을 몰아 한꺼번에 그녀의 주름진 얼굴을 엄습하게 된다.

- 어느 외국작가가 쓴 단편소설의 줄거리이다.

미국에서는 현대의 의학으로 해결할 수 없는 질환자를 산 채로 냉동시켜 50년이고 백 년 후에 그 치료방법이 발견될 때까지 기다리게 하는 의료시스템이 생겼다고 한다. 왕자의 출현을 기다리는 백설공주의 동화에서 얻은 아이디어인지도 모르겠다.

그러나 불로장생약不老長生藥을 찾던 진시황의 애절한 숙제는 현대의 과학으로도 어떻게 풀 방법이 없는 듯하다.

먼 하늘에 모래알처럼 깔린 별은 그 빛이 지구에 도달하는 데에 10만 광년이 소요된다고 한다. 1광년은 빛이 일 년 동안에 미치는 거리를 시간으로 따진 단위 개념인 만큼 10만 광년의 별의 거리는 상상만 해도 머리가 어지럽다. 사람이 빛보다 빠른 로켓을 타고 그 별까지 갔을 때, 지구에는 10만 년 가까이의 세월이 흐르게 된다. 다시 되돌아오면 20만 년 뒤의 지구 모습을 볼 수 있다는 것이 미래를 향한 과학의 공상이다. 그동안 로켓 안의 공간에는 시간이 정지되고 그 속에 탑승한 사람의 육체와 생명은 그 시점의 원형이 그대로 유지된다고 한다.

그러나 진시황의 소망은 냉동된 생명이나 밀폐한 상자 속의 장생을 뜻한 것은 아니다. 흐르는 세월 속에 자신의 인생을 오래 간직하고자 하는 극히 비과학적인 소망이다.

한 손에 막대들고 또 한 손에 가시 쥐고
늙는 길 가시로 막고 오는 백발 막대로 치려드니
백발이 제 먼저 알고 지름길로 오도다.

세월과 함께 늙고 죽는 인간의 숙명은 예나 이제나 막을 길이 없다. 이렇게 생각하면 인생 그 자체가 일말의 바람처럼 허무해진다.

청산靑山도 절로절로 녹수綠水도 절로절로
산山절로 수水절로 산수간山水間에 나도 절로
이 중에 절로 자란 몸이 늙기도 절로 하리라.

차라리 인생에 대한 이와 같은 달관達觀이 세월의 바람 속에 굴러다니는 낙엽 같은 인간의 심사를 수습해주는 따뜻한 손길이 될는지도 모른다.

그러나 세월은 언제나 그 어휘 자체 속에 서글픈 감정을 내포하고 있는 흐르는 시간의 동양인적인 표현이다. 일회적인 생애에 촌각을 아쉬워한 선인들의 격언도 '광음光陰은 화살과 같고, 세월은 사람을 기다리지 않는다.'고 하면 어떤 경각을 일깨우기에 앞서 먼저 인생무상을 통감하게 하는 서글픈 흐름이 가슴에 와 닿는다. 이와는 달리 '시간은 황금이다.'고 한 서양인들의 경구警句에는 불로장생약 대신 빛보다 빠른 로켓을 고안하는 진취적인 사상이 들어 있지만, 그러나 우리 동양 사람들에게는 별로 감동을 주지 않는 표현이다. 우리 동양인들은 역시 흐르는 세월의 바람 속에서 그 감정의 바탕이 자라났기 때문이다.

아무튼 시간이든 세월이든 한 사람의 인생을 휘몰아가는 거역할 수 없는 바람임에는 틀림없다. 거역할 수 없는 바람 속에 나무처럼 서있는 인생. 인간에게 소중한 것은 흐르는 세월이 아닌 그 인생 자체에 뜻이 있지 않은가 한다. 나무에는 꽃 피는 아름다움이 있고 신록의 싱그러움도 있다. 그러나 단풍에는 꽃이 따를 수 없는 그윽한 아름다움이 있다. 잎이 이운 가지에 눈이 덮은 광경은 겨울나무만이 가지는 청아한 멋이 있다. 천수天壽를 다한 고목은 장엄하게 기울어서 땅에 묻힌다. 새로운 나무를 키워내는 소중한 밑거름이 되는 것이다. 이것이 나무의 생리이며 인생의 모습이다. 부질없이 세월을 헤아리기보다 철(나이) 따라 변하는 나의 인생 속에서 참다운 멋과 보람을 찾는 것이 거역할 수 없는 세월의 바람을 이겨내는 길이 아닐까 생각된다.

세월의 바람 속에서 내 인생의 또 한 해가 저물고 밝아오려고 한다.

(1976)

결혼은 도박이다

"…괴테는 말하기를 인간은 불완전한 존재이다. 그러나 결혼에 의해 인간은 비로소 완전해지는 것이라고 했습니다. 이것은 인생의 진리를 갈파한 명언이 아닐 수 없습니다. 앞으로 두 분의 신랑신부는 일심동체가 되어 서로의 결함을 보완하고 상부상조하는 협동과 사랑으로써 하나의 완전한 인격과 행복을 이룩하는 데 힘써 주시기 바랍니다."

점잖은 목소리로 유창하게 말하는 이와 같은 주례사가 이미 퇴색한 유물이 되어 버렸다. 식장에 참석한 하객들도 별로 귀를 기울이지 않을뿐더러 앞으로 상부상조해야 할 당사자들도 아무런 감동을 느끼지 않는 것 같다. 모두가 이 판에 박은 절차가 빨리 끝나기를 기다리는 심정으로 엄숙을 가장한 주례의 얼굴을 지루하게 바라볼 뿐이다. 그래서 가정의례준칙家庭儀禮

準則에 의해 간소화된 요즘의 예식에서는 주례사가 생략되었다.

그런데 허두의 주례사는 과연 '괴테'가 그런 말을 한 것인지는 내가 과문寡聞한 탓으로 알 수 없지만, 가만히 음미해 보면 정작 인생의 진리를 갈파한 명언이라는 생각이 든다.

젊은이들에게 어떤 배우자를 선택하겠느냐고 물으면 으레 자기의 이상에 맞는 사람이라고 대답한다. 그러나 막상 이상에 맞는 사람이 누구냐고 거푸 물으면 그 이상이라는 것이 매우 모호하다. 여자의 경우는 상대편의 직업을 섬기는 수가 있는데, 그것은 직업에 대한 자기 나름의 외형적인 평가이거나, 인생을 자신이 의지할 경제적인 문제만으로 처리하려는 타산이지 이상은 아닐 터이다.

남자의 경우도 생활력이 있는 여자를 선택하는 일이 많다. 그래서 의과대학이나 약학대학 출신의 규수가 타산적인 남자 세계에서는 배우자로 가장 인기가 높다고 한다.

또 성격이 맞는 사람이 이상적인 배우자라고 풀이하는 경우가 있다. 성격이 맞는다는 것은 자기와 같은 성격의 소유자를 뜻하는 것이 아니고, 오히려 상반된 성격을 소망스러워하는 경향이 짙다. 내성적인 남자가 쾌활한 여자를 좋아하고 얌전한 처녀가 와일드한 형의 남자에게 마음이 끌리는 것과 같은 것이다. 그것은 자기에게 없는 것을 보완하고자 하는 심리 작용에 기인하는 것이므로, 주례사가 인용한 이른바 불완전에서완전을 지향하는 방법이라고도 할 수 있겠다.

미지의 남녀가 결합하여 인생의 반려(伴侶)가 되는 과정에는 여러 가지 경우가 있다. 옛날에는 부모들이 정해준 배필의 얼굴을 신방에서 비로소 확인하는 것이 보통인데, 요즘은 개화되어 미리 선을 보이는 절차를 거치게 한다. 다방이나 그럴 같은 데서 양가의 가족이 배석한 가운데 총각은 제법 늠름하게 처녀는 좀 수줍게 보이려는 포즈로 선을 보는 광경을 흔히 발견한다. 서로 얘기를 나누고 점심식사를 같이하고, 당사자끼리 따로 면담을 하게 한 다음 양가의 부모 마음에 들고 두 사람의 뜻이 맞으면 혼사는 전격적으로 성립된다. 하나를 보면 열을 알 수 있다는 식으로 모든 것이 단편적인 인상과 판단에 의해서 일생일대의 중대사가 결정되는 것이다.

결혼상담소라는 것이 있다. 일종의 직업소개소와 같은 것인데, 자기가 희망하는 배필을 널리 물색하는 방법으로서는 매우 합리적인 것 같다. 그러나 크고 달고 값싼 참외가 궁상스러운 상담소의 창구를 통해 굴러 떨어지는 일이란 별로 흔한 것 같지는 않다.

신문 광고란을 보면 구인, 구직 광고와 나란히 구혼하는 광고를 찾아볼 수가 있다. '당방 25세, 여, 여대 졸, 미모, 확실한 직업 가진 30세 전후 남자 원함' 퍽 다급한 사정을 알리는 전문 같은 내용이지만, 이런 광고가 가끔 호기심 많은 남녀들을 속여 골탕을 먹이는 방법으로 사용된다고 한다.

비교적 안전한 방법은 연애과정을 거친 결혼인 성도 싶다. 자기 나름의 이상의 자尺로 잰 끝에 결정하느니 만큼 실수가 없는 것이 아니겠는가 하겠지만, 사귀는 동안 정이 들면 마마 자국도 보조개로 보이는 법이다. 사랑은 사람을 소경으로 만든다고 했으니 그 사랑이 식고 눈을 떴을 때의 환멸을 계산한다면 차라리 결혼을 시점으로 만난 부부의 밀월만 같지 못할 것 같다.

그래서 사람들은 사주四柱를 짚어 궁합을 따지게 된다. 궁합은 본래 부부간의 방사를 뜻하는 합궁을 뒤집어서 쓴 말인데 예부터 부부의 정을 방사에 크게 비중을 두고 만든 관습 같으나, 이것 역시 장차의 승부가 불확실한 도박에 불과하다. 그러한 것을 사주를 따져서 맞추는 것도 우스운 일이거니와 설사 궁합이 잘 맞는다 하더라도 그것만이 부부관계를 오래 지탱시키는 정신적인 바탕은 될 수 없기 때문이다.

어떤 경로를 밟고 맺어졌건 한 쌍의 남녀가 양가 친지의 축복을 받아가며 백년해로를 맹세하는 예식은 쉴새없이 이루어지고 있다. 그러나 이러한 남녀들이 과연 자기가 이상으로 삼던 남편의 또는 아내의 이미지를 상대편 속에 평생토록 느끼면서 살아갈 수 있을 것인가 하는 것은 적이 의문스럽다. 근년에 와서 우리나라에서도 이혼하는 남녀의 수가 부쩍 늘고 있다고 한다. 참다못해 생이별이라는 일생 최대의 비극을 선택한, 이와 같은 용감(?)한 남녀들이 아니고도 사랑이 식은 싸늘한 인형의 집에 발이 묶여 살고 있는 불행한 남녀들이 이 세상에는 또 얼마나 많을 것인가.

그래서 결혼은 도박이다. 자기의 인생에 주사위를 던져 운명을 결정짓는 어쩔 수 없는 도박이다. 인생칠십고래희人生七十古來稀며, 단 한 번밖에 없는 한 사람의 인생에 있어 행, 불행을 가름하는 중대한 도박은 바로 결혼이 아닐 수 없다.

그러나 그 도박은 최초의 선택에 의해 승부가 끝나는 것이 아닌 데에 결혼이 갖는 도박의 묘미가 있다. 그러므로 돈이 많거나 지체 높은 사람, 또는 훌륭한 인격자나 학식 많은 배우자만이 장땡이라고 할 수는 없다. 그것은 다만 불완전한 한쪽 반원의 부피에 불과하며 다른 한쪽의 반원으로서 하나의 오롯한 원을 그려 주어야만 할 것이다.

두 사람이 하나의 완전한 원을 그려가는 끊임없는 노력이 새로운 사랑을 낳고 행복을 창조해가는 열쇠가 되기 때문이다.

(1976)

술맛

나는 술을 즐겨 마시는 편이지만 술맛은 별로 모른다. 소주와 양주 맛을 구별할 수는 있으나, 어떤 종류의 술을 특별히 좋아하는 것도 없다. 간혹 술이 먹고 싶은 때가 있지만 따지고 보면 결코 술이 먹고 싶은 것이 아니다. 목이 컬컬하면 막걸리나 시원한 맥주가 구미를 당기지만, 그건 갈증에서 오는 생리적인 현상일 뿐 알코올의 미각에 대한 것은 아니다. 그럴 때는 다른 청량음료수 같은 것으로도 족히 메울 수가 있을 정도이다.

그런데 황혼이 되면 미네르바의 부엉이가 나래를 펴듯 슬그머니 술 생각이 날개를 펴는 것이다. 그것은 황혼빛이 거리를 덮어 가듯이 내 마음속을 정체 모를 허전함이 서서히 엄습하면서 비롯하는 버릇이다.

어느 낯선 골목의 목롯집 구석에 앉아 혼자서 술잔을 기울이는 멋도 좋을 것 같다. 그러나 나는 그런 보헤미안한 취미를 퍽 마음으로 사랑하면서 한번도 그러한 멋을 누려 본 적이 없다. 누군가와 어울려야 술을 마시게 된다.

이태백李太白은 달과 그림자와 더불어 독작獨酌을 즐겼지만, 나는 아직 그런 주성酒聖의 경지를 터득하지 못하고 있다. 그러므로 집에 아무리 좋은 술이 있어도 혼자서 마셔본 일이 없다.

술은 아무래도 대작對酌을 해야만 제 맛이 나는 것 같다. 서로 잔을 권해 가며 허물없는 얘기를 나누면서 마시는 술, 거기에 술의 진미가 우러나는 것이 아닌가 싶다.

새생활 운동의 일환으로 술잔 안 권하기 운동이라는 것이 있는 듯한데, 차라리 술 안 먹기 운동이라면 모를 일이로되 술을 먹는 이상 그것은 술을 모르는 사람의 착안이 아니었던가 한다. 서양 사람들은 술잔을 권하지 않고 자기 잔으로 주량껏 부어서 마신다. 중국 사람들도 잔은 건네지 않고, 대신 상대편의 집배執杯를 채근하면서 서로가 동시에 마시는 걸로 권주의 예로 삼는 듯하다. 그런 외국 사람들과 술자리를 같이하여 그런 식으로 술을 마시게 되면 도시 술맛이 내키지 않아 첫잔을 받아놓고 지겨운 시간을 보낼 수밖에 없다. 그래서 웬만큼 마음이 통하면 한국식(Korean custom)으로 하자고 잔을 디밀게 된다. 처음에는 미적미적하다가도 분위기에 익숙하면 그들도 별로 싫어하지는 않는 것 같았다.

술은 정情의 음식이다. 웬만큼 비뚤어진 사이도 술잔을 나눔으로 어느새 조화가 되는 것은 술이 갖는 정 때문이다. 잔을 권하고 받는 것은 서로가 의宜를 터서 정을 나누겠다는 무언의 표시이다. 그러므로 술잔을 나누면서 우리 잘 좀 사귑시다, 하는 따위의 말은 군더더기가 된다. 주거니 받거니 권커니 잣커니 하며 어울리는 정경 속에 술의 본질과 미덕은 그 참모습을 드러낸다. 정으로 술을 나누는 우리나라 사람들은 으레 자기 몫의 술값만을 치를 줄 아는 서양 사람들같이 인색하지가 않고, 서로 밀치고 댕기면서 다투어 술값을 내는 아름다운 도량도 지닐 줄 안다.

잔을 권하지 않는 서양 사람들의 술 마시는 풍습은 어디까지나 그들의 개인주의적인 생활 양식에서 비롯하는 것일 뿐더러 술의 참된 구실과 그 미덕을 깨치지 못한 탓임에 불과하거늘, 우리가 그것을 새생활의 본으로 채택할 바는 못 되지 않을까 생각된다.

잔을 권하면서 술을 마시면 아무래도 과음을 하게 되는 폐단은 있다. 교배交杯하는 것으로 만족하지 않고 나중에는 큼직한 글라스에 정종이나 양주를 부어 돌려가면서 마신다. 호주豪酒를 뽐내는 사람 중에는 안주를 담았던 쟁반이나 재떨이 심지어는 여자 고무신짝에 술을 부어 마시고는 그것을 남에게도 강권強勸하는 추태를 부리기도 한다. 이것은 권주의 도道가 잘못 발전하여 무도無道를 빚은 그릇된 현상일망정 결코 대작하는 주도의 본령은 아니다.

술은 정다운 대화와 같이 자연스럽게 오가는 잔을 따라 서서히 취하는 맛이어야만 한다. 마음 맞는 사람끼리 마주앉아서 인생 이야기며 취미 이야기며 때로는 음담패설을 하면서 마시는 술이라야 참으로 술이 이 세상에 존재하는 아름다움을 실감하게 되는 법이다.

그러므로 술자리에서 점잔을 빼는 것처럼 볼꼴 사나운 것은 없다. 이른바 상석에 고자세로 앉아서 알량한 지체 때문에 마음을 느꾸지 못하고 굳은 표정으로 멋없이 술을 마시는 사람과 자리를 같이하게 되면, 그 주석의 분위기는 허옇게 부서지고 만다. 술을 알고 술맛을 즐기려는 사람이면 아무리 지체가 높아도 굳이 상석을 사양한다. 본래 술을 즐기는 마음은 애타적愛他的인 것이어서 내가 마셔서 기쁜 것보다 남이 취하여 즐거운 데에 더 흐뭇한 보람을 느끼는 법이다.

그러나 술이 흔히 사교社交의 매개물로 이용되는 세속의 관습은 슬픈 일이다. 더욱이 부정한 목적으로 악용될 때 그것은 술에 대한 용서 못할 모독이 아닐 수 없다. 사람이 오직 술의 미덕을 즐기려는 순수성을 잃고 술을 대하였을 때 술은 그 복욱하고 도연한 맛을 감추고 만다.

그러므로 나는 의식적儀式的인 파티 같은 데에 가는 것을 달갑게 여기지 않고, 마음에 어떤 부담을 곁들이는 술자리를 싫어한다. 그런 주석에서는 내 자신이 마음을 느꾸지 못해 분위기를 깨뜨리는 무례를 범하기 쉽고, 어쩌다가 억지로 술을 마시게 되면 영락없이 생리적인 거부현상까지 더불어서 나를 괴롭히기 때문이다.

나는 마음 맞는 친구들과 술자리에서 술잔을 나눌 때 가장 행복하다. 선배나 후배들과 같이 정담을 나누면서 술을 마실 때도 행복하다. 만약 나에게 애인이 있어 마주앉아 술잔을 나누면서 사랑을 속삭인다면 더욱 행복할 것 같다.

술맛은 실로 인생의 맛과 통하는 것이다.

(1977)

면도사 아가씨

그 면도사 아가씨는 좀 수다스러웠다. 단골로 다니는 이발관이 어디냐, 면도를 해 주는 아가씨의 솜씨가 어떻더냐, 되도록이면 면도사도 단골로 정해 놓고 하는 것이 좋다. 왜냐하면 수염의 결을 잘 알아서 밀기 때문에 피부에 무리가 안 간다는 등의 얘기를 간단없이 소곤거렸다.

누구나가 다 그럴 테지만 이발하는 시간, 특히 의자에 길게 누워서 면도를 하고 있는 동안은 느긋하게 오수午睡를 즐길 수 있는 십상의 기회가 된다. 그래서 서양 사람들도 하루의 행복을 찾으려면 이발을 하라고 했다던가. 그런데 이 아가씨는 그 모처럼의 행복을 부질없는 수작으로 박탈하려 드는 것이다.

나는 슬그니 눈을 감고 아가씨의 요설饒舌이 끝날 때를 기다렸다.

따지고 보면 면도하는 동안은 휴식을 누릴 수 있는 느긋한 시간인 반면에 항상 불안감이 가위 누르는 절박한 시간의 연속이기도 했다. 완전히 무방비한 상태에서 미지의 면도사에 온통 생명을 내어 맡기고 있는 거나 다름없는 시간이기 때문이다. 식자우환識者憂患이라고 할까, 나는 예리한 면도날이 턱밑을 흘러 목 줄기를 문지르고 지날 때마다 일본 작가 시가 나오야志賀直哉 씨의 콩트 〈면도칼〉을 회상하면서 전율을 느끼는 버릇이 있다.

감기 기운으로 몸이 찌뿌드한 이발사는 면도를 하다가 실수 끝에 손님 얼굴에 약간의 상처를 낸다.

문득 신경질이 돋친 그는 흡사 고장난 장난감을 부숴버리는 성난 아이처럼 면도칼로 손님의 급소를 찔러버린다.

콩트의 줄거리를 좇아 그 섬뜩한 장면을 상상하면 쾌적하게 몸을 받쳐주고 있는 의자가 갑자기 바늘방석으로 변하는 불안을 느끼게 된다. 이 면도사가 갑자기 발작을 일으킨다면? 나의 얼굴이 불구대천지 원수놈의 얼굴을 닮았거나 혹은 잠재하고 있던 변태적인 호기심이 순간적인 살의로 나타나지 말라는 법도 없다. 이런 피해망상 속에서 짧지 않은 시간을 무력하게 견뎌내자면 흡사 내가 도마 위에 얹혀 있는 물고기 같은 착각이 드는 것이다.

그런 망상과 착각에서 벗어나기 위해서도 면도하는 동안에 잠들 필요가 있다. 그것은 마치 큰 수술을 받는 동안의 마취와 같은 구실을 한다. 그런데 이 아가씨는 나의 볼을 부드럽게 매만지고 가는 그 능란한 면도 솜씨에 장단이라도 곁들이듯이 쉴새 없이 얘기를 소락소락 귓속에 불어넣는 것이다.

"손님 중에는 모근까지 깊게 파내는 걸 좋아하시는 분이 있는데 결코 좋은 일이 아니에요. 아무래도 피부를 상하게 되거든요. 나이가 드실수록 피부가 약해지니까 자주 면도를 하시는 것도 좋지가 않아요. 집에서 면도를 하실 때도 모근을 거슬러서 밀지 마시고, 매끈하게 깎이지 않더라도 그냥 결을 따라 위에서부터 밀도록 하세요. 선생님도 이젠 피부를 잘 보호하셔야 할 나이가 되신 것 같아요."

나는 슬쩍 눈을 뜨고 아가씨의 얼굴을 쳐다보았다. 방금 들려준 말에 와 닿는 것이 있었기 때문이다. 눈꼬리에 잔주름이 잡힌 약간 혼기를 넘긴 듯한 나이의 아가씨였다.

입술에 루주가 퍼렇게 바랜 값싼 화장을 한 조금 야하게 생긴 얼굴이었으나 부드럽게 내려뜬 눈매가 자상한 마음씨를 말해 주는 듯했다.

나는 다시 눈을 감았다. 느닷없이 '면도와 인생'이라는 생각이 머릿속에 떠올랐다. 그 솜씨나 나이로 보아 10년은 족히 되었음직한 아가씨의 직업적 편력을 생각하며 느낀 감상이 아니다. 그 아가씨가 띄운 말에서 새삼스럽게 나는 나의 연령과 인생을 생각하게 된 것이다. 숱한 면도를 하고 나의 인생은 여기까지 왔구나 하는 야릇한 감개가 가슴속을 번졌다. 실상 우리는 밥을 먹으며 사는 것과 마찬가지로 면도를 하고 산다.

나의 경우 20대에는 이틀에 한 번 정도, 30을 넘으면서는 거의 매일같이 면도를 하고 지났으니 그 횟수와 깎아서 버린 수염의 길이를 따지자면 엄청난 것이 된다.

수염은 남성에 있어 성년의 표징이다. 내가 처음으로 코밑과 아래턱 언저리에서 거뭇거뭇한 수염을 발견했을 때의 놀라움과 망조罔措함은 지금도 기억에 새롭다. 어른이 된다는 두려움과 이제 어린 시절과도 작별해야 한다는 아쉬움으로 나의 마음은 형언할 수 없이 서글펐다. 나는 그 수염을 간단없이 깎아내면서 성년기와 장년기를 지나 초로에 접어든 것이다. 그동안 면도로 인해 매일같이 거울을 대하여 왔고, 거울 속에 비친 얼굴에서 나는 주름져 가는 나의 인생을 목도해 온 셈이다.

그러나 그것은 생산기를 살아온 나의 인생이 한갓 얼굴의 배설물을 처리한 일과에 지나지 않았다. 그것이 이제는 소모되는 인생을 살갗으로 느끼게 하는 괴로운 작업으로 변한 것이다.

나의 가슴에는 조용한 슬픔이 피어올랐다. 처음으로 수염을 발견했을 때 맛본 감정이 나의 인생에 비낀 애잔한 꽃그늘과 같은 것이었다고 하면 지금 나의 가슴에 미만하는 슬픔은 황혼에 돌아서는 인생의 쓸쓸한 그림자와 같은 감정이 아닐까 생각했다.

"제가 너무 지껄여서 잠을 못 주무셨죠?"

면도를 끝낸 아가씨는 얼굴에 크림을 문질러 주면서 짓궂게 웃는 눈치였다.

"면도를 할 때 주무시면 곤란해요. 잠버릇 나쁜 손님의 얼굴을 벤 일이 있거든요. 그 때 제가 아마 십 년 감수는 했을 거예요."

티 없이 배시시 웃는 아가씨에게서 나는 뭔지 모를 따스한 정을 느꼈다.

그리고는 잠들지 않았던 것을 다행으로 여겼다. 잠시의 휴식보다 더 깊고 값진 인생의 휴식을 나는 이 아가씨로 하여 푸근히 누렸기 때문이다.

(1977)

수필로 쓴 수필론

어느새 나는 수필을 즐겨 읽게 되었다. 한때 시를 흉내내어 보기도 하고, 밤을 새워가며 소설을 탐독할 때는, 수필이라는 것이 과연 문학의 장르에 드는 것인지 어떤지에 대해 회의를 품어 본 적도 있었다. 그러던 것이 요즈음 잡지를 손에 들면 수필란부터 펼쳐보게끔 되었으니, 취미나 기호가 나이와 함께 덧없이 변하는 탓이라고 할까.

한때 문인들이 스스로 잡문이라고까지 천대하던 수필이 지금에 와서는 그 문인들까지 그의 본업인 소설이나 시 밖에 수필집 한 권쯤 가져야만 문인으로서의 오롯한 면모를 갖추는 것으로 삼을 만큼 되었다. 그런데 이렇게 수필의 지위가 향상된 데는 내 나름의 생각이지만 상당한 까닭이 있는 줄로 안다.

첫째, 쓰는 사람의 입장에서 볼 때 수필은 그 이름이 가리키

듯 붓 가는 대로 글을 쓴다는 편리한 해석에 매력이 있는 성싶다. 시나 소설이나 희곡처럼 어떤 형식을 갖추어서 쓸 필요도 없고, 알맞은 문장의 탁마琢磨를 위해 노심초사할 필요도 없이 매우 쓰기에 편한 글이 수필이다. 그래서 수필은 글로써 만드는 작품이기는 하나 문인들의 독점물이 되지 못하고, 이른바 수필가 아니고도 의사, 교수, 법조인, 정치인……, 심지어는 나와 같은 경찰관에 이르기까지 어엿하게 수필을 써서 낸다. 이리하여 수필은 우리나라에서도 바야흐로 난만한 개화기를 맞게 된 것이 아닌가 싶다.

두 번째는 읽는 사람의 편에서 본 매력인데, 그것은 시나 소설과 같은 부담을 우리에게 주지 않는 데 있다. 시가 이해의 난삽성難澁性에서 오는 공간적인 부담을 안겨 주는 문학이라고 하면 소설은 그 문장의 부피로 하여 시간적인 부담을 갖게 하는 문학이라고 할 수 있다. 수필이 시와 같은 압축된 문장으로 읽는 사람의 머리를 알쏭달쏭하게 만들거나, 소설처럼 긴 문장으로 구성되어 읽는 시간을 오래 빼앗는다고 하면 그것은 이미 수필이 갖는 본래의 매력을 잃고 말 것이다.

잠시의 짬을 타서 처음부터 끝맺음까지 가벼운 마음으로 읽을 수 있는 데서 수필은 현대의 생활인들에게 애환愛歡의 문장으로 빛을 보게 되는 것이 아닌가 한다.

그런데 쓰는 사람 편에서 생각하는 매력에는 약간의 문제점이 있는 것 같다. 수필이 붓 가는 대로, 생각 솟는 대로 쓰는 글이라고 하여 누구나가 멋대로 아무렇게나 써도 된다는 뜻이 아닌 듯하기 때문이다. 기실 항간에 범람하는 수필 중에는 그런 안이한 착각이 빚어낸 듯한 태작물駄作物들이 매우 흔하게 눈에 띈다.

첫째, 그 조악粗惡한 문장에 눈살을 찌푸리지 않을 수 없다. 제목이 그럴듯하여 뭣인가 하여 두어 줄 읽어가다가는 금세 풋감을 씹은 듯한 깔끄러운 문장에 목이 메어 칵 하고 뱉어 버리게 된다.

문학, 아니 특히 수필은 문장을 음미하는 맛으로 읽을 가치가 있는 것이 아닐까? 그림은 선과 마티에르를 천착하는 재미에 감상의 뜻이 있고, 음악은 음률을 통해 그 전체의 흐름에 접근할 수 있는 것과 같이 문학은 문장을 씹어서 그 맛과 영양분을 섭취하는 음식과 같은 것이 아닐까? 과학의 지식을 책에서 익히는 데도 그것을 서술한 문장이 서투르면 내용을 깨치기가 매우 까다로운 법인데, 하물며 문학 작품에 있어 그 문장이 거슬릴 때는 아무리 훌륭한 내용을 담고 있다 하더라도 씹어 삼킬 맛이 생기지 않는 법이다. 우리는 고기 속의 자양분을 섭취한다고 하여 그것을 환약 넘기듯 그냥 꿀꺽 삼킬 수는 없는 노릇이다.

수필이 아무리 문인의 독점물이 아니라 하더라도 남에게 읽히기 위한 글이라면 우선 문장력의 기초부터 닦은 다음 써 내는 것이 독자에 대한 예의가 아닌가 싶다.

두 번째는 조잡한 내용이다. 문턱이 다락보다도 높은 우리나라 문단에서 수필만큼은 문호를 활짝 개방하여 놓은 뜻은 되도록 다양한 사람들의 생활과 사상을 문학의 형식에 의해 섭렵해 보려는 저널리즘의 호기심이 아닌가 한다.

사실, 수필은 한 사람의 세계를 손쉽게 규시窺視하도록 만들어진 문학의 장르인 성싶다. 우리는 한 편의 수필에서 어떤 철학 교수의 사상적 바탕을 알아볼 수가 있고, 애독하는 작가의 생활 근황도 짐작할 수가 있다. 어떤 부류의 직업인의 희비와 지성의 몸부림 같은 것을 바로 눈앞에서 바라보듯 생생하게 느낄 수도 있다. '카뮈'의 부조리도 그의 명작 ≪이방인≫이나 ≪페스트≫에서 추출하기보다, 에세이 ≪시지프스의 신화≫를 읽으면 한층 그 윤곽이 뚜렷해진다.

이와 같이 다양한 분야의 세계를 수용할 수 있는 수필의 넓은 도량은, 그 내용이 갖는 취향에 있어서도 매우 관대하다. 결코 보편적인 진리나 논리적인 타당성을 요구하지 않으며, 편견 혹은 읽는 사람과 의견이 상치相馳되는 내용도 미소로써 받아들이는 것이 수필이 갖는 미덕이다.

이러한 인식의 탓인지는 몰라도 항간의 수필 중에는 설익은 음식과 같은 싱겁고 열쩍은 내용의 글들이 읽는 사람의 도로徒勞를 강요하고 있는 것을 흔히 본다. 어떤 전문 분야의 지식을 해설해 놓은 것 같은 글, 별로 풍기는 뜻도 재미도 없는 신변잡기 같은 글, 경로당이나 파고다 공원에서 지청구를 대며 소일

하는 노인들의 넋두리 같은 글이 수필이라는 레테르를 붙이고 스스럼없이 잡지에 실려 나온다. 부주의하게도 이런 글들을 끝까지 읽고 나면, 마치 못 먹을 음식을 먹었을 때처럼 뒷맛이 매우 개운하지 못하다.

밤을 먹자면 율방栗房부터 까고 껍질을 벗긴 다음 보늬까지 깎아내는 절차가 소용된다. 밤을 가시가 돋친 송이째로 접시에 담아내어 놓은 것 같은 생경한 내용의 글이 비록 잡지의 수필란이나 수필집이라고 이름이 붙은 책 속에 끼여 있다고 하여 그것을 수필이라고 할 수는 없지 않을까.

아무리 붓 가는 대로 생각 내키는 대로 글을 쓴다고 하지만 수필도 문학인 이상 그 나름대로의 내용과 형식을 갖는 것이 아닌가 한다.

자기의 생활이나 사상이나 감정을 남에게 글을 통해 보여주는 것이 수필이라고 한다면, 그 생활이나 사상이나 감정을 읽는 사람의 공감의 세계로 이끌어주는 그 무엇이 있어야 할 것이다. 그 무엇이 곧 수필이 갖는 문학성이며, 그 문학성을 통하여 수필의 내용은 비로소 쓴 사람과 읽는 사람의 사이에 하나의 공감대를 형성하게 될 것이다.

수필은 누구나가 붓 가는 대로 생각나는 대로 쓰면 되는 문학의 한 영역일까? 우리나라 수필문학에 새로운 경지를 연 피천득皮千得 선생의 작품이나 그 밖의 좋은 수필들을 읽고나면, 수필이 그와 같이 함부로 쓰여질 수 없는 높은 격식을 가진 문학의 영역임을 절실히 깨닫게 된다.

한 편의 수필을 읽고 난 다음, 수필도 결국 문학일 수밖에 없다는 감개가 비 갠 아침의 산뜻한 풍경을 보는 마음처럼 나를 기쁘게 해 주는 수필의 작품들이 이 나라의 독서계에 범람하여 주었으면 참 좋겠다.

(1977)

죽음에 대하여

사람이 죽은 뒤에 어떻게 되나? 그보다는 내가 죽은 뒤에는 어떻게 되나? 우리 인간에게 가장 궁금하면서도 풀지 못하는 수수께끼가 있다면 곧 자기가 숨을 거둔 다음부터의 자신의 행방에 대한 문제일 것이다.

모든 사람이 죽으면 흙 속에 묻혀 이윽한 뒤에는 흙으로 사라져간다. 이것은 사람들이 숱하게 눈으로 보아오는 터이므로 의심할 여지가 없는 사실이다. 어쩌면 이걸로 그 영원의 난제難題는 풀려버리는 것인지도 모른다.

그러나 우리는(다만 인간이라는 이유 때문에) 자신의 죽음을 바람벽에 으깨어 붙은 파리나 시궁창에 버려진 쥐의 죽음과 같이는 처리하려 하지 않는다. 인간은 정신적인 동물이고 이 정신의 특권 때문에 사람들은 죽음의 불가사의不可思議를 궁금하게 생각하고 그 정체를 진지하게 모색하게 된다. 불교의 윤회설輪回說이나 기독교의 내세來世에 대한 신앙도 따지고 보면 이와 같은 모색의 소산이며, 덧없는 인간이 의지할 수밖에 없었던 죽음의 철학에 다름 아닐 것이다.

우리가 죽음을 앞두고 볼 때, 거기에는 어길 수 없는 두 가지의 사실을 발견한다. 그것은 사람이 숨진 뒤의 형체, 즉 하나의 물체에 불과한 보잘것없는 육신의 형해形骸이고, 또 하나는 누구나가 한번은 맞이해야 한다는 숙명적인 사실이다. 이것은 인간의 특권으로도 어떻게 할 수 없는 다른 동물들과 꼭 마찬가지의 죽음이 갖는 엄연한 모습이다. 그러므로 죽음 앞에는 만물이 평등하다. 위대한 철학자의 왕생往生이나, 시궁창에 나뒹구는 쥐의 죽음이나, 그것이 죽음이라는 사실에 있어 아무것도 다를 것이 없다. 인간이 큰소리를 칠 수 있는 것은 한갓 살아있는 동안의 우위優位에 불과하다.

생각하면 이 만유공통의 죽음 그 자체는 지극히 당연하고 대수롭지 않은 하나의 사건이 아닐 수 없다. 우리가 마땅히 관심을 두고 진지하게 생각할 일은 살아있는 동안의 다양한 사건들이어야 할 터이다. 삶의 다양성은 결코 만유 공통한 것이 아니기 때문이다.

그러나 따지고 보면 한 인간의 생애生涯 그 자체도 덧없기 짝없다. 무변의 세월과 무수한 생명 속에서 잠시 켜졌다 꺼지는 한 개 불빛에 불과하다 할 것이다. 그러므로 사람이 나서 오십에 죽건 백 살까지 살다가 가건 영겁이라는 세월에서 본다면 그야말로 오십보백보라고 하지 않을 수 없다. 사람뿐이 아니라 하루살이가 하루를 살다가 사라지는 것이나, 천년을 사는 학이 천수를 다하고 죽는 것이나, 나서 죽는 그 사실에 있어서는 별로 다를 것이 없지 않은가 싶다. 이렇게 죽음을 두고 인생을 천착하면 인생 그 자체까지가 허무하게 되고 만다.

그런데 우리 인간은 죽음에 대한 문제를 무엇보다도 심각하게 생각한다. 살아있는 동안의 동정에는 무심했던 친지의 죽음을 알았을 때 우리는 매우 충격적인 사건으로 받아들이게 된다. 그리고 이 만유공통의 죽음을 우리는 무엇보다도 두려워한다. 말하자면 영원의 수수께끼가 감추어져 있는 동굴 속을 우리는 본능적인 공포를 갖고 부질없이 기웃거리는 것이다. 불치의 질병이 두려운 것은 그 뒤에 죽음이 도사리기 때문이며, 전쟁의 공포 분위기는 바로 죽음에 대한 공포심리 이외의 아무것도 아니다.

누구나가 언젠가는 반드시 맞아야 할 죽음을 사람들은 왜 그처럼 두려워하고 회피하려고 하는 것일까?

그것은 무無에 대한 공포일 것이다. 나의 존재가 이 세상에서 아주 없어져버린다는 사실에 대한 공포, 바꾸어보면 내가 이 세상의 모든 것을 상실해 버린다는 죽음이 의미하는 결과 때문일 것이다. 빛나는 태양도, 아름다운 꽃도, 사랑하는 사람도, 모든 것이 한꺼번에 나로부터 없어져버리는 것이 죽음이다. 그래서 성서에서도 이 세상을 다 주어도 나의 생명과는 바꿀 수 없다고 갈파하고 있다.

생명은 무엇보다도 귀중하다. 무엇으로도 대체할 수 없는 것이 생명이다. 오랜 투병鬪病으로 피골이 상접한 사람의 초롱초롱한 눈빛에 깃들어 있는 강인한 의지의 생명력을 볼 때, 우리는 그것이 얼마나 귀중한가를 실감하게 된다. 그러나 이처럼 사람들이 보물처럼 깊숙이 간직하여 아끼는 생명도 그것이 스러지는 순간을 생각하면 실로 어처구니없다. 조그만 쇠붙이 한 조각에도 이내 없어지는 것이 생명이다. 절벽을 끼고 비탈진 길을 가는 자동차 안에서 우리는 문득 얄팍한 종이 한 장 사이에 놓여있는 삶과 죽음의 갈피를 느낄 때가 있다. 전쟁은 수십, 수백만 명의 생명을 순식간에 앗아간다. 전쟁이 아니더라도 현대의 매스컴은 비명으로 사라지는 인명의 사연을 쉴새없이 알려주고 있다. 외국에서 여객기 추락사고로 수백 명이 떼죽음했다는 소식쯤 듣고 눈썹 하나 까닥할 사람은 없다.

그러나 그것이 국내의 경우가 되면 조금 사정이 달라진다. 끔찍한 현장의 보도에 눈살을 찌푸리고, 자신의 안전함에 자기만이 지니는 특권 같은 생명의 안도감을 누리게 될 것이다. 희생된 사람 중에 지명의 인사나 자기가 아는 사람이 섞여 있을 경우면 약간의 충격과 함께 인생의 무상함 같은 것을 느끼게 될 것이다. 만약 육친이나 사랑하는 사람이 죽음을 당했다면 우리는 이성을 잃을 만큼 심각한 슬픔에 빠져 죽음의 아픔을 실감하게 될 것이다. 이렇게 죽음은 한 자국씩 자신 앞에 다가오면서 심각하고 절실한 문제로 구체화되는 법이다.

그러니까 죽음은 멀리서 바라볼 때 지극히 당연한 자연의 법칙에 불과하나 자신이 마주쳤을 때 이 세상의 끝남을 의미하는 가장 중대한 사건이 된다. 그래서 죽음은 자기에게 주어진 생과 더불어 자신의 문제로서 비로소 의미를 갖는다. 이처럼 인간은 이기적인 동물이며, 그 본능은 죽음을 바라보는 눈에서 더욱 강렬하게 나타난다.

그러나 죽음은 어디까지나 만유공통의 엄연한 법칙이며, 인간의 어떠한 의지로서도 이를 거부할 수 없는 것이 무가내하의 사실이다. 그러한 죽음 앞에서 자신을 보호하려고 몸부림치는 인간의 몰골은 다른 동물들이 보기에도 딱하고 어리석은 일이 아닐 수 없겠다. 자신의 문제로서 진지한 모습으로 나타난 이 영원한 수수께끼는 우리가 구태여 풀어 보려고 안간힘할 까닭도 가치도 없는 것이 결국 죽음 그 자체가 지니는 참모습이 아닌가 한다.

사람이 죽으면 흙으로 돌아가듯, 죽음 그것도 자연이라고 볼 때, 그 자연 속에 스스로를 융해시키는 것이 죽음의 의미를 옳게 깨치는 일이 아닌가 싶다. 이렇게 죽음을 관조觀照하는 겸허한 자세만이 우리 인간의 덧없는 삶까지를 값지고 뜻있게 만들어 주는 유일한 길이 아니겠는가 하고 생각해 본다.

(1978)

바람 소리

엷은 추위에 소름을 느끼면서 살포시 잠이 깨인다. 창밖에는 하늘을 건너지르는 거센 바람 소리 처절하게 울고 있다.

겨울밤에 잠자리 속에서 듣는 바람 소리처럼 스산하고 을씨년스러운 것도 없는 성싶다. 무슨 덧없는 운명 같은 것을 일러주는 소리 같기도 하다. 모진 세월을 풍상風霜이라 하고, 영화나 드라마의 효과에서 덧없이 흐른 세월을 표현하는 방법으로 흔히 휘몰아치는 바람 소리를 등장시킨다. 나는 차이코프스키의 교향곡 〈비창悲愴〉의 주제음악을 들을 때마다 언제나 바람 소리를 연상하게 된다. 러시아의 그 광막한 지평선을 울고 가는 바람 소리에서 그는 그 음악의 모티프를 잡은 것인지도 모른다.

겨울에 눈이 내리는 풍경은 소담하고 마음에 포근하지만,

날카로운 바람 소리는 마음까지 서늘하게 만든다. 눈 속에는 으레 그 순백純白한 풍경처럼 아름다운 추억이 묻혀 있어도, 바람 소리는 언제나 스산하고 을씨년스러운 상념을 자아주게 마련이다. 텅 빈 가슴속을 울고 가는 듯하는 바람 소리에 귀를 기울이고 있으면 무한한 세월이, 나의 숱한 인생이 바람처럼 흘러가는 소리를 듣는 것 같은 착각에 빠지게 된다. 바람 소리에 세월이 되살아온다.

잠자리에서 허공을 질러가는 바람 소리를 들으면 나는 으레 어린 시절의 겨울밤을 생각하게 된다.

절규처럼 울부짖는 바람 소리가 꼭 무슨 일을 내고야 말 것 같은 밤이다. 이대로 세상이 끝나는 것이 아닌가 하는 두려움으로 나는 이불 속에서 마음이 자꾸만 오그라든다. 무서운 바람 소리에 문풍지가 몹시 울고, 그때마다 호롱불이 위태롭게 깜빡거렸다. 희미한 호롱불에 이마를 맞대고 바느질을 하시는 어머니의 얼굴이 몹시 주름져 보인다. 바람 소리에 근심이 짙어가는 듯하는 얼굴이시다. 나의 어린 마음에는 정체 모를 서글픔이 어둠처럼 깔렸다. 나는 지금도 어머니의 모습을 그릴 때면 바람 소리와 함께 그러한 어머니의 수심 찍은 얼굴을 그리게 된다.

덜커덩 대문 소리가 나고 미닫이가 열리면서 두루마기에 찬바람을 감고 아버지가 돌아오신다. 호롱불만큼 가련하게 훈훈하던 방안 공기가 찬바람에 너울처럼 크게 일렁거린다. 아버지는 아득한 들판을 바람과 함께, 아니 모진 바람 속을 헤치고 돌아오신 듯 삽상한 모습이다. 나의 마음은 아침을 맞은 듯 샘물처럼 솟는 정체 모를 생기로 새로워졌다. 나는 지금도 바람 소리와 함께 그러한 아버지의 삽상한 모습을 마음속에 간직하고 있다.

허공을 지르는 바람 소리에서 어쩌면 나의 인생은 눈뜬 것인지도 모른다. 이제 두 개의 이미지가 섞갈리는 바람 소리를 음미하고 있노라면, 나의 인생은 바람에 밀려온 것 같기도 하고 바람을 헤치고 온 것 같기도 하다.

(1980)

실연부失鳶賦

어릴 때, 줄이 끊어져 가물가물 산 너머로 사라져 간 연鳶을 좇아 나의 인생은 여기까지 온 것인지도 모른다. 연이 떨어져 나간 뒤의 남은 실을 낚아 얼레에 되감듯이 수없이 꿈을 먼 하늘에 날려보낸 뒤의 허전한 마음자락을 사리면서 살아온 것이 나의 인생이 아닌가 싶다. 줄이 끊어져 아득히 사라져 간 연의 먼 모습은 언제나 마음속에 아쉬움으로 남고 돌아오지 않는 꿈은 빈 하늘에 그리움을 판 박아 놓는다.

하늘이 카랑카랑하게 맑던 어느 날, 처음으로 띄운 연을 하늬바람에 날려보내고 나서 집에 돌아와 한없이 울었던 생각이 난다. 없어진 연이 애틋하여서가 아니라 바람을 타고 깜박거리며 하늘 속에 녹아든 듯 사라져 간 연의 모습이 웬일인지 오래도록 내 마음에 슬픔을 자아낸 것이다. 영영 나에게 돌아오지 않는다는 생각을 했는지도 모른다.

그 뒤로 나는 다시 손수 연을 띄워 보지 못하고 말았다. 남이 띄우는 아득한 연 모습을 그리움으로 바라보면서 어느새 어린 시절을 넘겨버리고 만 것이다. 언젠가는 늠름한 연을 소망의 실에 달아 멀리멀리 실어 보내리라고 벼르면서 나의 인생은 어느새 50줄을 넘어선 것이다.

산행길 같은 데서 청려淸麗한 경관 속에 몸을 담으면 평생을 그곳에서 눌러 살고 싶고, 문득 용색이 우아한 여인을 만나면 평생의 반려로 삼고 싶은 소망이 인다. 아름다움과 행복한 순간은 은은한 향기처럼 잡을 수 없고 그것을 갖고자 하는 소망이 바로 허망한 인생, 그것이 아니었던가 싶다.

어릴 때 이웃 소녀에게 처음으로 연정을 느끼면서 나의 인생의 허망은 비롯된 것 같다. 밤마다 잠자리에 들면 버릇처럼 그 소녀가 나의 요조한 아내가 되는 꿈을 꾸었고 공상의 나래 속에 다소곳이 안겨오는 소녀의 환상과 더불어 나는 화려한 내 인생의 미래를 향해 끝없이 날아다니곤 했었다.

그러나 간혹 길에서 마주치는 소녀에게는 짐짓 내 마음을 외면하면서 의젓한 걸음걸이로 지나치기가 일쑤였지만 연방 후들거리는 가슴과 무척 달아오르는 얼굴을 주체하지 못하였다. 내게 이 세상에서 가장 궁금한 일은 소녀의 마음이었고, 내가 제일 두려워한 것은 나의 마음을 소녀가 눈치채는 일이었다. 그리고는 꿈과 현실의 사이가, 사람과 사람 사이의 거리가 왜 이다지도 먼 것일까 하는 생각을 막연하게 하고 있었다.

언제나 남이 띄우는 연처럼 멀고 아득한 풍경으로 그리는 동안 소녀는 영영 내 앞을 떠나버리고 말았다.

어느 늦은 봄, 나는 모래톱에 누워 남한강南漢江의 물줄기가 감고 흐르는 구담봉의 경관에 매혹된 일이 있다. 깎아지른 암벽의 산허리에 거북을 닮은 형상이 있어 구담봉이라 이름하였다지만, 정작 거북의 등처럼 오목조목 균열진 암벽의 경관은 가슴이 저릴 만큼 수려한 것이었다.

허구한 세월의 빛깔을 담고 군데군데 신비스러운 벽화를 이루고 있어 살포시 눈을 뜨고 마음의 붓을 잡아 선을 그으면 거기에는 분명히 멀리 가버린 그리운 사람의 얼굴이 그려져 있다. 환각의 장난인가 싶어 눈을 크게 떠보았지만 내 마음의 판화처럼 그것은 또렷한 그녀의 초상이었다. 무슨 신비스러운 운명의 계시인 양 숙연한 심사가 되어 나는 눈을 떴다 감았다 하며 오랫동안 대자연이 그려놓은 벽화 속에 넋을 묻고 있었다.

누군가가 살다 버린 산기슭의 두옥斗屋에서 때마침 내리는 봄비를 그으면서, 나는 이대로 한 사람의 초부樵夫가 되어 이 경관과 더불어 길이 살아갔으면 하는 소망으로 가슴이 뿌듯해졌다.

그 구담봉도 충주댐이 들어서면 물 속에 묻혀 아주 가버릴 운명의 경관이다.

나는 지금도 가끔 연을 날리는 꿈을 꾼다. 그리고는 줄이 끊겨 산 너머로 사라지는 연의 먼 모습을 바라보게 된다. 꿈을 깨면 언제나 마음이 허전하다. 내 인생에서 소망의 줄이 끊겨 달아나는 허무한 느낌이다.

그리고 또 나는 소녀의 꿈도 꾼다. 호젓한 산길을 소녀와 손을 잡고 걸으면서 소년처럼 가슴을 뛰놀린다. 그리고는 내가 만일 그 소녀와 결혼을 했더라면 나의 인생이 어떻게 달라졌을까 하는 생각을 해본다.

나에게서 아주 떠나버린 것들은 모두가 아름답다. 그것은 고스란히 마음속에 아쉬움으로 간직되기 때문일 것이다. 아름다운 것을 얻고자 하는 마음은 그 소망의 크기만큼 대상은 더 아름다운 법이다. 추억은 그것을 소유하지 못한 아쉬움으로 하여 항상 아름다운 빛깔을 지니는 마음의 그림자가 아닌가 싶다. 내가 처음 띄운 연을 잃어버리지 않았던들 그것은 나의 기억 속에 있을 하나의 희미한 물체에 불과했을 것이다. 짝사랑하던 소녀가 정작 나의 평생의 반려자가 되었다면 그녀는 꿈 밖에도 하나의 평범한 지어미에 불과했을는지도 모른다.

그것은 나의 인생에서 소중한 꿈을 앗아가는 일이 되었을 것이다. 아름다운 꿈을 놓쳐버리고 영원히 가질 수 없는 것의 허무한 희망 때문에 우리 인생은 슬프면서도 또한 아름다운 것인지도 모른다.

(1981)

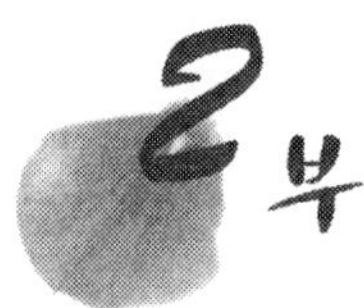

두 여인女人

아부의 미립

창窓

여중생女中生의 뒷모습

험준한 등반길

아, 이 쓰레기들!

애연 동지愛煙同志

조계사 앞뜰

결혼 청첩

두 여인女人

지난 일요일 아침, 등산 채비를 하고, 도심 뒷골목에 있는 시장 채소가게에 들렀다. 산에서 지어 먹을 점심의 찬거리를 장만하기 위해서였다. 몇 사람이 먹을 분량의 상추며 마늘이며 고추며 양파 등을 비닐봉지가 불룩하리만큼 샀는데도 2,000원이 채 못 되었다. 만 원권을 내니 주인 아낙네는 아침이라 거스름돈이 없다면서 이웃 가게 몇 군데를 쫓아다닌 끝에 잔돈으로 바꾸어 왔다.

이렇게 싸게 팔아서 손해보지나 않을까 하는 생각이 들어 나는 거스름으로 나온 돈 중에서 200원을 되돌려 주었다. 처음 영문을 몰라 어리둥절하던 그녀는 나의 뜻을 알아차리자 구김살로 찌든 얼굴을 활짝 펴면서 꽤 큼직한 오이 두 개를 집어 다른 봉지에 넣어 주는 것이었다.

"산에서 고추장에 찍어 잡수시면 참 개운하고 좋아요."

짐스러워서 싫다는데도 부득부득 우기면서 기어코 배낭 안에 넣어 주었다.

돌아서서 나오면서 나는 방금 "잘 다녀오세요." 하고 밝은 표정을 지어보이던 아낙네의 얼굴을 눈앞에 되새겨 보았다. 여자 나이를 점치기는 어렵지만 40쯤 되었을까? 어쩌면 그보다 좀 아래일 성도 싶다. 궁상스런 얼굴에는 생활의 땟국물이 꾀죄죄하게 찌들었고, 두루뭉술한 몸매와 헐렁한 옷매무새가 여자다운 태라고는 조금도 풍기는 곳이 없다. 여자답게 가꾸는 일과는 사뭇 담을 쌓은 그저 장돌뱅이 아낙의 전형 같은 여자이다.

꼭 손바닥만 한 가게이기는 하나 도심 뒷골목에 터전을 잡는 정도이면 시재의 형편은 찢어지게 가난할 것 같지는 않다. 그러나 시초는 소쿠리에 담아 행상을 했거나 길거리에 나앉아 뜨내기장사로부터 시작했을 터이다. 남편은 공사판 같은 데서 날품팔이 막노동을 하고, 뼈빠지는 노력과 애옥살림을 꾸린 끝에 밑천을 모아 지금의 터전을 마련하게 되었을 것이다.

살림집은 변두리의 빈민촌에 셋방을 하나 아니면 둘쯤 얻어, 아이들이 서넛 되고, 맏이가 내년쯤 고등학교를 마치게 되는데, 대학에 보내느냐 취직을 시키느냐에 대해 가족들이 끌탕을 하고 있다. 학교의 성적은 학급에서 중상中上 정도이고, 당사자인 본인은 고생하는 부모들이 마음에 걸려 취직 쪽을 생각하고 있고, 어미는 돈 걱정일랑 하지 말고 대학에 합격하도록 공부나 열심히 하라는 주장이다. 경제권이 없는 아비는 별 소견이 없이 상을 찌푸린 채 턱만 만지작거리면서 앉아 있을 수밖에 없다.

아낙네는 꼭두새벽부터 일어나서 식구들의 아침밥을 지어 놓고, 변두리 도매시장에 들러 그날 팔 채소들을 고개가 휠 만큼 한 보퉁이 사 이고 가게로 나온다. 그녀의 소망은 아이들을 남 못지않게 공부시켜 훌륭하게 키우는 일과, 오두막이나마 내 집 한 칸을 마련하는 데 있다. 그렇게만 된다면 남부러울 일은 하나도 없다. 이에 더할 행복이 또 있겠는가? 이렇게 신념하면서 아낙네는 비록 싸구려 화장품일망정 분이 무엇인지를 모르고 살아간다.

이런 부질없는 생각을 하면서 나는 그녀의 궁상 위에 희대의 어음 사건으로 세상을 뒤숭숭하게 만들었던 장 여인의 말쑥한 얼굴을 덧그려 보았다. 비슷한 나이일 중년인데도 두 여인의 얼굴은 마치 걸레 조각과 곱게 바랜 세모시 천을 견주어보는 것만큼 현격한 대조를 이룬다. 그러나 내면의 참모습을 보여주는 표정에서는 또 다른 의미에서 왕청된 대조를 나타내고 있는 것이다.

카메라 앞에 포즈를 잡으면서 억지로 미소를 지어보이던 장 여인의 표정.

그것은 질박하게 활짝 펴보이던 아낙네의 그것과는 너무도 거리가 먼 표정이다. 7,000억과 200원의 차이라고나 할까? 그런 돈의 엄청난 차이만으로는 잴 수 없는, 사람이 사는 의미의 근원에서 비롯하는 거리인 듯도 하다.

남의 돈 수천억을 거덜내고도 멀쩡한 웃음을 짓는 잘생긴 여자의 얼굴과, 2백 원의 인정에도 감동할 줄 아는 못생긴 여자의 얼굴이 번갈아 나의 망막 속에 떠오르면서 한참 동안 떠날 줄을 몰랐다.

"경제는 흐름이다. 그 흐름이 멈추면 경제는 썩는다."

재판장에 나온 장 여인이 도도하게 편 경제론이다.

그러나 그 흐름이 가겟집 아낙네의 소박한 꿈까지를 짓밟지는 말아야 할 터인데….

(1982)

아부의 미립

30년 동안 관리생활을 하고도 내가 끝내 터득하지 못하고 만 것이 아부에 대한 미립인 듯하다.

나는 상사에게 아부 한번 제대로 못해 보고 30년이란 긴 세월을 공직에서 지내왔다. 아부하기 싫어서가 아니라, 할 줄을 몰라 못한 것이다. 더군다나 아부가 공인公人의 정도正導를 벗어나는 스노비즘이라 생각하고 무시했거나, 나의 자존심이 손상된다고 하여 일부러 회피한 것이 아니다. 오히려 입 안에 혀 놀듯이 상사에게 아부를 잘하는 동료를 보면 그지없이 부럽기까지 한 것이다. 나도 부하로부터 아부를 받고 보면 결코 싫은 것은 아니었다. 아부인 줄 알면서도 받아서 싫지 않은 것이 아부인 듯하다.

"이번 일에 대한 장관님의 조치는 정말 놀라왔습니다. 장관님의 탁월한 경륜에 대해 부내 직원들은 모두가 혀를 내두르고 있습니다."

옆에서 듣기에도 민망한 노골적인 아부인데도 장관의 입은 귀밑까지 찢어지는 것이다.

흔히 사극 같은 것을 보면 아부는 우군愚君에게 간신奸臣이 하는 것으로 정형화되어 있다. 우매한 군왕이 간신의 농간에 홀려 국사를 그르치는 줄거리로 그려지는 것이 아부의 패턴을 이루고 있다. 그러나 요즈음 와서의 아부는 반드시 그렇지도 않은 것 같다. 내가 겪어본 바로는 머리 좋고 일 잘하며 전도가 촉망되는 부하 중에서 썩 아부를 잘하는 친구가 있는가 하면, 아부를 좋아하는 상사도 결코 우군에다 견줄 만한 졸장부가 아니라는 사실이다. 그래서 오늘날과 같은 능력이 존중되는 사회에서 발군의 출세를 하는 인물들을 손꼽아보면, 그렇지 않은 위인보다 아부를 잘하거나 좋아하는 사람이 더 많은 것 같다.

아부는 권력의 표피에 닿는 쾌감이다. 권력 속에 도사리는 어쩔 수 없는 오만성에 작용하여 그 본능을 충족시키는 운동인 것이다. 그러므로 이것은 강자와 약자, 통치자와 피통치자, 윗사람과 아랫사람이 존재하는 인간사회에 있어 지극히 자연발생적이라고 할 수 있는 심리적 관계가 아닐 수 없다. 힘 있는 자가 힘을 떨치면, 힘없는 자는 납작하니 엎드려서 눈치를 살펴야 한다. 윗사람이 위에서 오만을 떨면, 아랫사람은 아래서 그 비위를 맞추어야만 한다. 이 역학관계를 무시하고 힘 없는 자가 말라빠진 팔뚝을 걷어붙이고 맞서겠노라 버틴다면 이거야말로 달걀로 바위를 치는 우거愚擧가 아닐 수 없다.

일본의 속언俗言에 '분하고 원통하면 높이 되라.'는 말이 있다. 상사로부터 심한 수모를 당하고 비분의 눈물을 먹는 부하에게 그 상사가 내뱉은 말이라고 한다. 당장 듣기엔 엎친데 덮치는 격의 조롱 같지만, 긴 안목에서 새기면 퍽 교훈적인 뜻이 담긴 말이 아닐 수 없다. 복수심으로 분발하여 와신상담 끝에 높이 된 입지적 인물이 우리나라 사회에도 드물지 않게 있는 것이다.

그것이 비록 온당한 방법은 아니라 하더라도, 아부가 대립된 상하 관계를 융화시키는 윤활유와 같은 구실을 한다는 점에서 일면 긍정적으로 받아들일 필요가 있을 듯도 하다. 결재가 무척 까다로운 장관이 있었다. 무슨 트집을 잡아서든 두세 번 퇴짜를 놓은 다음에야 결재를 하는 버릇이 있어, 바쁜 안건을 처리할 때는 번번히 진땀을 빼야만 했다. 그런데 같은 부내의 어떤 과장은 한 번도 퇴짜를 맞은 일이 없다기에 신기해서 일부러 때를 맞추어 장관실에 같이 들어가 보았다. 그는 장관 앞에 결재 서류를 펼치면서,

"장관님께서 평소 말씀하신 방침을 기본삼아 만들어 보았습니다."

이렇게 허두를 꺼내고는, 일사천리로 짚어나가는 내용 설명

의 적당한 어간에서 '장관님 지시에 의해', '장관님의 뜻을 받들어', '장관님의…' 하며 장관님, 장관님의 베이스를 연방 넣는 것이다. 그것이 조금도 어색하지가 않고 마치 시냇물이 졸졸졸 흘러내리듯 천연스러웠으며, 오히려 음악의 기조저음基調低音처럼 줄거리를 엮어나가는 데 있어 퍽 구성진 효과를 자아내고 있었다.

거기에 장관님은 장단이라도 맞추듯이 매우 대견스런 표정으로 크게 끄덕이면서 "음!", "음!"을 연발하는 것이다. 상하의 호흡이 그렇게 잘 맞을 수가 없다. 읊조리고 화답하는 분위기 속에서 까다로운 결재과정을 거뜬하게 치러내는 그의 천의무봉天衣無縫이라고 할밖에 없는 아부 솜씨에 대해 나는 넋을 잃은 채 그냥 멍청히 지켜보고 있었다. 권세와 아부가 조화를 이루어가는 풍토, 이것이 관료사회의 전통과 권위를 지탱하는 실체인지도 모른다는 생각을 하면서.

그러나 이런 풍토의 쇄신이 참으로 아쉽다는 생각을 한 것도 사실이다.

(1982)

창窓

남으로 창을 내겠소.
밭이 한참 갈이
괭이로 파고
호미론 풀을 매지요.
구름이 꼬인다 갈리 있소.
새노래는 공으로 들으랴오.
강냉이가 익걸랑
함께 와 자셔도 좋소.
왜 사냐건
웃지요.

金尙鎔의 〈남으로 창을 내겠소〉는 언제 읊조려도 마음이 후련해오는 시詩다. 도회의 공해를 벗어나서 오랜만에 깊은 산속의 석간수를 떠 마셨을 때의 맛이 난다. 전원생활의 풍치와 시정詩情을 읊은 시이지만, 역시 이 시의 압권壓卷은 허두를 이룬 '남으로 창을 내겠소'에 있다. 그래서 시인도 제목을 그 대문으로 삼지 않았나 싶다.

우리는 집을 지으면 으레 창문을 낼 줄 안다. 나들이를 위한 문이 아니고, 바람벽을 헐어 집안의 숨통을 터놓은 조그만 문이다. 이 문을 통해 우리는 네모로 차단된 생활의 공간에서 빛과 바람과 그리고 새소리를 불러들이고 구름이 흘러가는 바깥 풍경에 눈과 마음을 내보내게 되는 것이다.

시인은 전원에 집을 짓고 남으로 창문부터 내었다. 생활의 보람이 비롯하는 문이다. 새 노래를 공으로 듣고, 괭이로 밭을 갈고 호미로 풀을 매는 전원생활의 신선한 기쁨이 넘나드는 창이다. 그것은 언제나 열려 있는 마음의 창문이기도 하다.

창이 없는 집은 상엿집같이 암울하고 적막하다. 창이 있어서 항상 문이 닫혀 있는 집은 흉가처럼 보인다. 닫힌 창문에 커튼이 무겁게 내려쳐진 방 안에는 필시 중병을 앓고 누워 있을 병자의 기척 같은 것을 느끼게 한다. 도시의 집들에는 창이 많다. 큰 저택일수록 창이 많고 크기도 하다. 창문이 크고 많으면 집의 모양새가 좋은 법이다. 요즘 새로 서는 빌딩은 사방이 온통 창으로 둘러쳐져 잠자리의 눈같이 디룩거리기도 한다. 그러나 대개 그것은 닫혀 있는 창들이다 거기를 독한 먼지와 도둑이 드나들기 때문이다. 햇볕을 커튼으로 가려서 낮에도 전등을 켜고, 바람은 에어컨으로 만들어 쐬며, 새소리가 듣고 싶으면 조롱을 사서 달아 놓는다. 가위 궤짝 속의 인생이라고 할 만하다. 도시의 어쩔 수 없는 생태이기도 하다.

창을 열지 못하는 시쳇 사람들은 마음도 닫아걸고 지낸다. 도시의 이웃들이 서로 얼굴조차 모르고 지내는 것은 이미 기이한 현상이 못 된다. 서로 모르고 지내는 일은 오히려 약과이고, 이웃이 되기 때문에 이해관계가 맞닥뜨려 앙숙으로 지내는 경우가 허다하다. 집을 지으면 으레 이웃이 먼저 도끼눈을 하고 공사를 감시하게 마련이다. 땅의 경계 다툼은 말할 것도 없고, 하수도를 내는 일이며, 물받이, 굴뚝의 위치까지가 시빗거리로 된다. 내 집에 조금의 피해가 있어도 안 되는 것이다. 의당의 권리인 만큼 약간의 양보도 막무가내이다.

그 중에도 큰 시빗거리는 창을 내는 문제이다. 남의 집 안쪽이 내다보이는 향으로는 창문을 틀 수가 없다. 만약 북향 집일 경우에는 남으로 창을 낼 수가 없게 되는 셈이다. 이 창문 시비로 몹시 다투는 이웃을 본 적이 있다.

먼저 서 있는 집의 뒤편에 새 집이 들어섰다. 새 집의 향이 바로 앞집의 뒷면이 되므로 뜰과 거실과 안방 문을 내려다볼 수 있는 뒤창이 문제가 된다. 뒷집에서는 사생활의 비밀 보호권을 들고 나와 그 창을 없애달라고 요구했다. 이에 맞선 앞집은 누가 창 있는 쪽을 보고 집을 지으랬느냐 하며 기득권旣得權을 내세웠다. 결국 창 밖에다 시선을 가릴 만한 차폐를 덧다는 걸로 합의가 되었는데, 그 비용을 누가 당하느냐의 문제로 또 한 차례의 줄다리기 싸움이 벌어졌다.

창문을 트고 선린의 정을 나누며 오순도순 지내기보다 내 영역 안의 비밀을 간수하는 일이 무엇보다도 소중한 세상이 되었다. 그만큼 비밀이 많은 세상이기도 하다. 사람들은 모양만의 창문을 안으로 닫아걸고, 그 속에서 저마다의 비밀을 갈무리하면서 사는 혈거동물穴居動物이 된 것이다.

언제 저 집들의 창에 문이 열릴까? 사람과 사람 사이의 마음에 창이 트일까? 이 답답하고 메마른 세태에 숨구멍이 뚫릴까? 정작 남으로 창을 내는 옛 멋이 아쉽다. 따스한 햇살과 바람과 새노래가 흘러드는 창이 그립다.

(1983)

여중생女中生의 뒷모습

아침 산책길에 배드민턴 라켓을 곁에 끼고 앞서 가는 두 젊은 여자의 자태가 신선하게 눈길을 끈다. 한 여자는 짧은 파마머리에 깡총한 스커트를 입었고, 또 하나는 길차게 묶어서 늘어뜨린 말총머리에 잠방이를 입었다. 그 입성이나 머리 모양이 늘씬한 몸매에 칠칠하게 어울려서 아파트 샛길의 여름 아침 풍경을 한결 풋풋하게 수놓아 준다. 시종 시시덕거리면서 가는 걸음걸이가 아무래도 가정 부인들 같지는 않다. 20대의 직업여성이 아니면 그만한 나이 또래의 대학생으로 보인다.

그러나 막상 그들이 놀이터에 당도하여 공을 치고 있는 것을 가까이에서 보고는 문득 놀라지 않을 수 없었다. 앳된 얼굴이 아무리 치잡아도 중학 3년생은 넘지 않은 것 같다. 그런데 나는 어째서 그들의 뒷모습에서 왕청되게도 20대의 여성을 점

쳤던 것일까? 공연히 민망한 생각에 저절로 쓴웃음이 비어져 나왔다.

하긴 요즘 아이들은 뒷모습만으로는 남녀를 분간하기조차도 어렵다. 더욱이 학교나 학년의 고저高低를 짐작하기는 퍽 어려운 일이다. 고교생이겠거니 한 것이 중학생인 경우는 흔히 있고, 더러는 초등학생일 때도 번번이 만나게 된다. 그만큼 아이들의 체구가 숙성해진 탓도 있지만, 세련된 매무새에서 오는 혼돈이 더 큰 것 같다.

요새 아이들의 몸치장과 옷차림은 나이나 지체를 무시하는 대담성으로 매우 세련되어가고 있다. 아까 그 소녀들만 해도 간단한 아침 운동 차림인데도 맵시를 낸 품이 보통 솜씨가 아니다. 저들이 스스로 챙겨 꾸미는 것인지 아니면 부모들이 마음하여 가꾸는 것인지는 몰라도, 아무튼 교복을 자율화한 뒤로 아이들의 겉차림은 눈에 띄게 선진화한 것만은 사실이다. 따라서 입성도 점점 고급화하고 있다.

이름 있는 메이커의 옷이나 신발이 아니면 아이들이 학교에서 기를 못 편다는 것이다. 옷이 날개인지라 입성이 꿀리면 동심의 쭉지는 축 늘어지게 마련이다. 그래서 남과 같이 갖추기 위해 가난한 집 아이가 도둑질을 했다는 슬픈 사연도 들려온다. 허영심과 열등의식은 흔히 범죄 심리와 통하기가 쉽다.

요즈음 서울의 번화가에는 황혼이 되면 학생인지 부랑아인지 정체를 알 수 없는 10대 소년들이 무리를 지어 뒷골목의

퇴폐업소를 마구 휩쓸고 다닌다고 한다. 집이나 도서관에 박혀 한창 공부를 하고 있어야 할 또래의 아이들이 컴컴한 자리에 앉아 담배를 꼬나물고 술을 마시고 있다는 것이다. 이들이 나라의 장래를 어떻게 떠메고 갈 것인가 하고 생각하면 한심하기가 이를 데 없다.

그래서 교복자율화가 아이들을 버려놓았다는 소리들이 높다. 사치 성향을 돋우고 청소년의 범죄도 늘었다는 것이다.

교복자율화는 대충 두 가지의 장점을 노려 단행했을 터이다. 집에서 아무렇게나 입는 평상복장으로도 족한지라, 첫째 경제적인 부담을 덜고, 둘째는 자유스러운 교육 분위기 속에서 자라는 아이들의 개성과 소질을 보다 효과적으로 뻗어나게 할 수 있다. 그런데 해놓고 보니까 정반대의 현상이 두드러진 것이다.

책상머리에 앉아 짜낸 궁리가 실지에서 오차를 빚는 일은 흔한 사건인지라 이건 시행착오니까 다시 교복을 입히자는 얘기도 나온다. 그러나 그것은 엎질러 놓은 물을 주워담는 일만큼 가당치 않은 생각이다. 아침 거리를 다시 까까머리 검은 제복이 뒤덮은 광경을 상상해 보라. 사람들은 역사의 수레바퀴가 또 거꾸로 돌아간다는 느낌을 받을 것이다. 선진화의 물결이 도도한 마당에서 결코 있을 수 없는 일이다. 다만 학교 나름대로 교복을 고안하여 자율적으로 입히는 문제는 한번 생각해 봄직한 일이기는 하겠다.

그런데 나의 고루한 소견인지는 몰라도 중·고등학교 학생의 제복을 없앤 것은 두고두고 아쉽다는 생각이 든다. 부작용 때문이 아니다. 교복이 지니는 이미지와 의미 때문이다.

나는 교복을 입은 학생을 보면 언제나 마음이 든든함을 느꼈다. 장차의 국가와 사회를 떠메기 위해 열심히 공부하고 있는 세대의 믿음직한 모습이 곧바로 마음에 와 닿았던 것이다. 집에서 평상복으로 뒹구는 아이들을 보면 항상 온실의 화초를 보는 것처럼 애잔하고 안쓰럽기만 했는데, 아침에 교복을 입고 문을 나서는 뒷모습을 바라보면 한결 마음이 놓이곤 했었다. 뭔가 착실하게 크고 있다는 느낌으로 마음이 부듯했던 것이다.

구태舊態에 전 감각 탓인지도 모른다. 어쩌면 전체주의적인 발상에서 오는 인식의 착오라고 할는지도 모른다. 제복은 정작 전체주의 사회에서 선호選好하는 복장이기도 하다. 교복을 없앤 정책적인 동기도 그런 인상을 씻어버리려는 데에 있었을 법도 하다.

그러나 제도적인 전체주의는 안 될 일이지만, 개인의 의식 속에 잠재하는 '전체주의'는 매우 필요한 정신적인 요소가 된다. 자율이나 질서도 모두 이것을 바탕으로 우러나기 때문이다. 공동체의식이라고 하는 이 정신적인 '전체주의'는 개인의 소질과 창의력을 개발하는 일 못지않게 중요한 교육의 과제가 될 것이며, 또 그것은 학교와 같은 하나의 집체생활에서 가장 효과적으로 체득되는 소양일 터이다.

교복이 그 교육적인 구실에 한몫을 하는 이치는 공무원교육과 같은 어른들을 교육하는 곳에서도 복장을 통일시키는 것을 보면 알 만한 일이겠다. 하물며 인격의 바탕이 틀을 잡아가는 중·고등학교 학생들에 있어서랴 싶다.

(1984)

험준한 등반길

지난 일요일 오랜만에 등산을 했다. 오랜만의 산행이므로 가볍게 돌자는 데 의논이 맞아, 화계사에서 올라 북한산의 팔부 능선을 타고 정릉으로 떨어지는 코스를 잡았다.

그런데 리더 격인 K가 얼마쯤 오르다가 길을 벗어나서 협곡을 끼고 추어 올랐다. 우리 일행은 지름길이겠거니 하고 그대로 따라갔는데, 기실은 길이 아니라 험준한 등반 코스였다. 얼키설키 가려 선 가시 숲을 헤치고, 벼랑진 바위를 몇 차례 타야만 했다. 무척 까다롭고 벅찬 고비를 넘어 가까스로 길을 찾아 나왔을 때는 모두가 후줄그레 지쳐 있었다. 시간과 오른 품이 꽤 걸린 것으로 미루어 거의 등성이까지 이르지 않았나 하고 짐작들을 했다.

그러나 알고 보니 중턱에도 채 못 미쳐 있었다. 아까 우리 일행이 샛길로 빠질 때 바로 그 갈림목에서 쉬고 있던 한 쌍의 노부부가 먼저 와서 기다리기나 한 듯 길섶 바윗등에 앉아 있었다.

"이건 뭐 개미 쳇바퀴 돌아왔구먼."

"길로 왔으면 벌써 다 올랐을 것 아닌가."

실망과 허탈감이 뒤섞인 넋두리가 일행 중에서 튀어나왔다.

"길로 다닐 바에야 산에는 뭣 하러 오누. 이게 다 등산하는 재미지."

K의 대꾸였다.

"재미? 재미 좋아하네. 에너지 낭비지."

이런 대화를 귓결에 흘려들으면서 나는 내 나름의 생각에 잠겼다. 사람들의 생애도 따지고 보면 등산의 경우와 비슷할 듯하다는 생각을 한 것이다.

A여사는 20년 전, 어느 재벌급 아들의 열렬한 구혼을 뿌리치고 지금의 남편과 결혼을 했다. 사랑이 결혼의 유일한 조건이라고 믿었기 때문이다.

그러나 책상물림의 전형적인 남편은 한마디로 생활 무능력자였고, 그 때문에 20년이 한결같은 애옥살림은 줄곧 그녀의 손으로 꾸려져야만 했다. 가위 안해 본 일이 없으리만큼 마른 일 젖은 일을 가리지 않았고, 지금은 아침에 우유 배달을 하고, 낮에는 서적 외판원으로 뛰고 있다.

이런 고달픈 생활의 되풀이 속에서도 그녀는 여지껏 한번도 무능한 남편을 탓하거나, 자신의 팔자를 탄해 본 일이 없다. 운명론적인 체념이 아니라, 스스로가 선택한 생애에 대한 책임감을 가지고 열심히 살아온 것이다. 따라서 가난함을 불행이라 생각하지 않을뿐더러, 남편에 대한 존경심과 사랑에도 변함이 없었다. 가난하므로 오히려 사랑의 소중함이 더욱 살뜰하고 클 따름이었다.

지금 그녀에게는 한 가지 즐거운 고민거리가 있다.

천신만고의 열매로 수중에 약간의 저축이 생겼는데, 이것으로 금년 대학에 진학하는 아들의 전셋방 하나를 더 늘려 가느냐, 아니면 남편이 못내 소망하고 있는 처녀 시집을 출판하느냐 하는 망설임이 그것이다.

이런 상태에서 그녀는 그런대로 남모르는 보람과 행복 같은 것을 느끼고 있었다.

그런데 그녀의 이러한 생활의 호수湖水에 잠시의 흔들림과 회의의 파문을 일게끔 만든 사건이 있었다.

우연히 길에서 만난 옛 친구에게 끌려 여고 시절의 동창 모임에 참석하게 된 것이다. 그 모임은 서울에 사는 동기생들이 한 달에 한 번씩 만나 돌려가면서 점심을 내는 친목계인데, 물론 그녀는 그날의 불청객이었다. 호사스런 호텔의 중국관에 20여 명의 옛 친구들이 모인 그 자리에서 그녀는 뜻하지 않게 '쑥'을 만난 것이다. 이름이 '숙'인 '쑥'은 학교 때의 별명이 '쑥'이었다.

백치 미인白痴美人이랄까. 얼굴은 썩 빼어나게 예쁜 반면 어리숙하여, 바람둥이 영어 선생님과의 스캔들이 있은 뒤부터 그런 별명이 붙은 것이다.

그 '쑥'이 그녀에게 열렬히 구혼했던 그 재벌급 아들과 결혼했다는 소식은 바람결에 들어 알고는 있었지만 막상 이렇게 만날 때까지 그녀는 그 사실을 까마득히 잊고 있었다. 뿐만 아니라, 그 재벌급 아들이 지금은 선대를 이은 국내 굴지의 재벌 총수가 되어 재계에서 크게 이름을 떨치고 있다는 사실도 비로소 안 것이다.

그래서인지 '쑥'은 그 자리의 여왕이었다. 스스로 도도하게 굴어서 여왕이 아니라, 둘레의 친구들이 마치 여왕을 에워싼 시녀들처럼 얼찐거림으로써 여왕처럼 돋보인 것이다. '쑥'이라 따돌리던 학교 때와는 사뭇 대조적인 경관이었다. 화사한 꾸밈새도 거들어서, 각고刻苦에 주름진 그녀보다 영락없이 열 살은 더 젊어 보였다.

"네가 버린 행운을 쑥이 차지한 거지 뭐냐."

돌아오는 길에 친구가 위로라도 하듯이 그녀에게 한 말이다. 속담에도 있듯이 여자 팔자가 뒤웅박 팔자라고, '쑥'이 차지하고 있는 오늘의 행운을 그녀 스스로가 차버린 것만은 사실이다. '쑥'의 자리에 그녀 자신을 대입시켜 따져보면, 20년 전에 그녀가 인생의 갈림길에서 부富보다도 사랑을 택한 결과가 오늘의 지체에 엄청난 차이를 가져온 셈이다. 대재벌의 사모

님과 가난한 무명 시인의 아내, 그러나 그것은 애당초 그녀의 선택 앞에 제시되었던 임의任意의 조건이기도 하다.

그런 까닭으로 하여 그녀는 새삼스럽게 '쑥'의 처지를 부러워하거나 자신의 선택을 후회하지 않았다. 지금의 남편과 결혼한 것은 어디까지나 그녀 나름의 가치의 선택이었고, 그 가치관은 지금도 변함이 없기 때문이다.

그런데 그녀의 마음을 흔들어 놓은 것은 그 자리에 모였던 친구들의 거동이었다.

진지한 삶을 찾아 어렵게 살아온 그녀에게보다는, 그녀가 버린 행운을 잡아 수월하게 살아온 '쑥'에게 보다 높은 가치를 두고 대하는 친구들의 태도에서 그녀는 뭔지 인생 그 자체가 배반당한 것 같은 분한 느낌을 받았던 것이다. 그녀를 기어이 모임에 끌고 간 친구, 학교 다닐 때 꽤 친숙히 지낸 그 친구마저도 그녀의 진실 따위는 아예 아랑곳조차 하지 않았다. 그저 행운을 놓친 '쑥'쯤으로 처리해 버린 것이다.

그녀는 일찍이 맛보지 못했던 좌절감으로 마음이 허전해졌다. 애오라지 자신이 의지해온 정신적인 가치란 결국 따지고 보면 약하고 못난 자의 자기 위안에 불과한 것이 아니었던가? 이런 회의가 일자, 그녀 속에 미만해 있던 삶의 의미가 일시에 썰물처럼 잦아드는 허무한 느낌이 든 것이다.

"인생의 탄탄대로를 걸어 온 '쑥'의 인생과, 우정 샛길로 빠져 인생의 뒤안길을 돌아 10년이나 더 늙어서 나온 저의 생애를 두고, 어떻게 평가하시겠어요?"

이런 A여사의 카운슬링을 접한 나는 "글쎄요……." 하고 망설이다가, "같은 길이의 생애를 그만큼 질적으로 더 산 셈이 되지 않겠어요?" 했다.

그러나 이 말은 나의 진지한 생각인 것 같기도 하고, 어쩌면 궤변으로 둘러댄 수작 같기도 한, 스스로도 종잡을 수 없는 회답이 아니었던가 싶다.

(1984)

아, 이 쓰레기들!

아, 이 쓰레기들! 요즘의 산행길은 이런 탄식이 무연히 솟게 만든다. 어느 날의 신문 기사를 보니, 서울 시민 한 사람이 한 해에 1톤 꼴로 배출하는 쓰레기를 주체할 길이 난감하여 바야흐로 우리의 금수강산은 쓰레기 강산으로 변할 지경에 이르렀다고 걱정이 태산 같았는데, 그 실상을 적실하게 보여 주는 곳이 요즘의 산이다.

행락객들의 놀이터가 되는 산행 초입의 계곡 언저리는 말할 것도 없고, 산행꾼만이 마음먹고 오르는 높고 깊은 산중에도 낭자한 쓰레기가 심심찮게 눈길을 거스른다.

쓰레기는 거의가 먹고 마신 뒤에 버린 껍데기들이다. 빈 병, 빈 깡통, 비닐봉지 따위 현대의 과학 문명이 빚은 불후不朽의 화학제품들이다. 이 불후의 쓰레기는 이 시대의 유물로 영구히 산속에 남을 것이다.

그리하여 우리가 조개무지에서 선사시대의 조상들의 생활을 짐작하듯이 이윽한 훗날, 우리의 자손들은 산속에 묻힌 불가사의한 쓰레기를 뒤지면서 이 시대를 살고 간 조상들을 생각할 것이다. 한때를 흥청망청 부도덕하게 살다가 망한 조상들. 그러나 경조사상이 두터운 그들은 결코 그렇게만은 고증하지 않을 터이다. 저 고층 빌딩에서 고도의 문화생활을 한 우리 조상들이 산山짐승들을 먹이기 위해 만든 인스턴트 먹이를 담은 그릇들이다.

그런데 이 산중의 유물들은 저질의 짐승들이 먹고 버린 용기 같다. 왜냐면 문헌을 보면 '나는 새는 뒷자리를 더럽히지 않는다.'는 말이 있는데, 그러니까 새만도 못한 짐승이 먹고 버린 것이 분명하다.

그러나 사랑하는 후손들이 산속의 이물질異物質을 고고학의 대상으로 삼을 만큼 이 강산의 생태가 오래 지탱될 것 같지가 않다. 산을 찾는 인구는 날이 갈수록 늘고, 산에 쌓이는 쓰레기는 주週를 거듭할수록 불어나기 때문이다. 이렇게 많은 이물질을 체내에 두고 자연인들 어떻게 견뎌낼 수 있을까? 이런 형국을 보고 어떤 이는 '산이 앓고 있다.'고 표현한 글을 읽은 일이 있는데, 산행 때마다 내가 보고 느끼는 것은 산이 걷잡을 수 없이 곪아가는 형상이다. 지구의 종말이 이 지경으로 서서히 곪아서 터지는 것이 아니겠는가 하는 암담한 예감마저 드는 것이다. 이웃 나라 일본의 어느 관광지를 찾았을 때, 휴지 쪽 하나 떨어져 있지 않은 깨끗한 환경에 기가 질려, 피우던 담배 꽁초를 버릴 길이 없어 쩔쩔매다가 결국 주머니 속에 간수하여 내려온 생각을 하니, 우리 강산만이 황폐해 가는 꼴이 행여 국민성의 탓이 아닌가 하는 생각을 하면 더욱 마음이 암울해 진다.

어느 날, 내키는 바가 있어 하산길에 남들이 버리고 간 쓰레기를 줍기로 했다.

버려져 있는 비닐봉지를 주워 눈에 띄는 것들을 그 속에 수습하며 내려가는데, 금세 하나가 차 버린다. 산 중턱에 마련된 쓰레기통에 버리고 갈까 하다가 마음을 돌려 찻길이 닿는 산의 어귀목까지 들고 가기로 했다. 산중의 쓰레기통은 누가 치우느냐는 생각이 들어서이다. 언젠가 산을 내려오다가 관청에서 보낸 듯한 일꾼들이 숲 속의 땅을 파고 쓰레기를 묻고 있는 광경을 목도한 일이 있기 때문이다. 그때 나는 수술을 끝낸 의사가 가위를 환자의 뱃속에 둔 채 배를 꿰맨 사건을 연상했던 것이다. 그리고 또 하나의 이유는, 좀 위선적인 타산이지만 나의 독행(?)을 보다 많은 사람들에게 시위하자는 궁리에서이다. 탁류 속에 뿌리는 일국一掬의 맑은 물이 보는 이의 마음에 메아리로 번졌으면 하는 안타까운 소망이기도 하다.

그런데 내가 쭈그리고 앉아 깨어진 병조각을 주워 담고 있는데, 등뒤를 한 쌍의 중년 남녀가 지나갔다.

"아, 자연보호하느라 수고가 많으시네요."
하고 여자의 점직한 목소리가 스쳐가자, 이윽고 약간 술기에 뜬 남자의 데설궂은 목소리가 저만큼에서 날아왔다.

"거 보라고. 버리는 사람이 있으면 줍는 사람이 있는 법야. 이게 다 세상사 돌아가는 조화라는 것이거든."

(1985)

애연 동지愛煙同志

그러니까 벌써 반세기 전의 그림이 될 것 같다. 일본군이 한창 중국 대륙을 파죽지세破竹之勢로 침공해 갈 때다. 북지北支의 어느 소읍을 막 점령한 일본군의 대열이 의기양양하게 행진해 간다. 모두가 피난하고 난 뒤의 텅 빈 거리에는 오가는 행인 한 사람 있을 리 없다. 그런데 성문 어귀의 다리목에 중국 옷차림을 한 젊은 여인 하나가 마치 땅에서나 솟아난 듯 우두커니 서 있다. 뉘엿뉘엿 저물어 가는 석양빛을 등진 여인의 손에는 불이 당긴 담배가 쥐어져 있다. 성문을 향해 보무당당히 다가오는 점령군의 대열을 물끄러미 지켜보고 있던 그녀는, 부대의 선두가 바로 눈앞에 왔을 때, 깊숙하게 빨아들인 담배연기를 그 대열 쪽으로 푸우 하고 길게 내뿜는다.

이 인상적인 장면은 돌아가신 김소운 선생의 수필 〈애연산필

愛煙散筆〉에 나오는 한 대목이다. 내 나름의 정감으로 상상해 보는 그 중국 여인의 모습과 함께 〈애연산필〉은 언제나 나의 기억 속에 정취 깊은 그림으로 남아 있는 글이다. 뉘엿뉘엿 석양빛이 비낀 대륙의 한 작은 성읍. 모든 사람이 포화에 쫓겨간 뒤의 빈 거리에 나와 서서 지나가는 외적의 군대를 지켜보고 있던 그 중국 여인은 누구였을까? 그 여인의 과거는? 홀로 남은 사연은? 또 그 뒤의 운명은 어떻게 되었을까? 무엇보다도, 겁없이 거리에 나와 점령군을 지켜보며 그 대열을 향해 냉소어린 담배 연기를 길게 내뿜은 오만 불손한 행동이 의미하는 것은 무엇이었을까? 이런 생각의 그늘을 여운으로 남겨주는 글은 항상 웅숭깊은 맛이 있어서 좋다.

그러나 내가 애착을 느낄 만큼 이 글을 좋아하는 까닭은 아무래도 담배를 사랑한 소운 선생의 멋에 있는 것 같다. 소운 선생도 그 글 속에서 비쳤듯이 만약 그 여인이 담배 대신 초콜릿이나 껌을 씹고 있었더라면 애당초 글에 담을 염도 내키지 않았을 것이고, 나 또한 그토록 인상 깊게 그 대목의 글을 기억 속에 간직하지는 못했을 터이다. 담배의 멋은 담배의 멋을 아는 사람만이 알아주는 이심전심의 전도체傳道體인 듯하다.

그 담배의 멋이 이 세상에서 서서히 자취를 감추어가고 있다. 현대의 예방 의학이 그 멋의 정체를 무서운 암의 발원체로 해부해 놓았기 때문이다.

그러고 보니 소운 선생도 암으로 돌아가셨다 한다. 이 무슨 짓궂은 운명의 장난일까.

그래서 나의 주변에서도 담배를 끊는 사람들이 점차 늘고 있다. 모임 같은 곳에 나가면 으레 담배를 피우는 사람보다 피우지 않는 측이 대세를 이룬다. 어떤 경우는 백안중시白眼衆視 속에 나만 혼자서 담배를 피우고 있을 때가 있다. 담배를 피우는 것이 고독하다는 생각이 들기도 한다. 담배를 권하면 십중팔구의 사람은 손바닥을 펴서 거절해 보이는데, 그 거절하는 자세가 꼭 담배가 아니고 담배를 권해오는 사람을 거부한다는 시늉으로 느껴진다. 요즈음 자칫 담배를 권하는 일이 담배를 피우는 자의 소외감과 비애를 자초시키는 행위가 되기에 십상이다. 그 대신 저편에서 담배를 권해오거나, 권하는 담배를 선뜻 받아 피우는 사람을 만나면 흡사 적진에서 동지를 만났을 때처럼 반갑다. 상통相通하는 자연紫煙을 교환交驩하노라면 저절로 의기도 상통하는 것이다. 처음 만난 사람끼리도 스스럼없이 담배를 권하고 받아 피우는 이른바 담배 인심이라는 것도, 따지고 보면 애연가끼리의 동지의식이 투합하여 빚은 미풍일 터이다.

그러나 서글픈 현실은 내 인생의 언저리에서 정든 담배 친구들이 새벽 별빛처럼 하나씩 사라져 가는 일이다. 어제도 어느 기관의 장을 지내는 친구가 휘하 직원들이 모인 앞에서 금연을 선언한 터이라며 권하는 담배를 거절했다. 어떤 문우의 〈금연 유감禁煙有感〉이라는 수필이 있기에 기대를 가지고 읽었더니, 마침내 담배를 끊었노라는 곡절이어서 실망하고 말았다.

일전에는 미국에서 오랜만에 다니러 나온 옛 친구가 담배를 권하는 나를 보고 "아직도 담배를 피우냐?"고 눈이 뚱그레졌다.

미국의 애연가는 숫제 천덕꾸러기란다. 공공시설은 말할 나위가 없고, 점잖은 자리에서 담배를 피우려면 밖으로 나가야 한다. 담뱃갑에도 "건강을 해친다."는 종전의 경고문에서 진일보하여 "암에 걸린다."는 협박문을 새기기로 했다는 근간의 소식이다. 이대로 가면 미구에 금연법이 생길 것은 필지의 추세이다. 이런 담배를 자꾸 우리나라더러 받아들이라고 성화이니 미국 사람의 심보는 알다가도 모를 일이다. 그러나 썰물처럼 잦아드는 애연가들의 세를 보면, 미국의 담배 회사나 우리네 전매청이 머지않아 문을 닫기는 매일반일 듯하다.

아무튼 반문명적인 생각인지는 몰라도 담배를 끊는 사람들이 늘어가는 세상이 아무래도 각박한 것만 같다. 쉽게 끊는 친구들을 보면 맺고 끊는 성격의 소유자들이 많은 것이다. 사랑이나 우정도 쉬이 배반할 수 있을 것 같다. 담배를 끊고 나니 우선 호주머니 속이 깨끗해서 좋고 목구멍에 가래가 끓지 않아서 좋다고 금세 자랑을 늘어놓기도 한다. 말인즉슨 옳으나 배신의 변을 듣는 것 같아서 마음이 공연히 언짢아진다. 이렇게 친구 하나를 잃어간다는 허무한 생각이 들기까지 한다.

나도 어떤 동기에 밀려 몇 차례 금연을 시도한 적이 있다.

노력을 지탱해가면 못할 노릇도 아닐 듯한데, 번번이 애연 동지의 지푸라기 같은 권연勸煙의 꼬투리를 부여잡고 이내 회심回心을 하고 만다.

"뭐? 자네가 담배를 끊었어? 잘했어, 혼자서 오래살게." 하고 눙치면서도 못내 서운한 표정을 감추지 못하거나, "모든 사물에는 반드시 존재 이유가 있는 법이야. 이 세상에 담배라는 것이 생겨나고, 우리 인류가 그것을 오랫동안 애용해 온 데는 뭔가 과학의 힘이 미칠 수 없는 까닭이 있는 거여." 하며 정색으로 설득하고 드는 동지적인 충정을 저버리지 못하는 것이다.

과학의 힘이 미칠 수 없는 까닭이라면 진정한 애연가만이 터득할 수 있는 담배의 멋일 터이다. 그 멋을 느낄 때 스산한 황혼의 거리에 홀로 나와 선 어느 이름 모를 중국 여인의 까닭도 저절로 마음에 와서 닿는다. 그녀는 모든 것을 짓밟고 가는 전쟁이라는 비인간화非人間化의 집단을 향해, 한 인간의 고독한 입장을 푸우 하고 담배연기에 실어 길게 내어 뿜었던 것이다.

(1985)

조계사 앞뜰

내가 일을 보는 사무실은 번화가에 있는 고층건물 6층이다. 그러므로 내가 앉은 자리에서 노상 바라보이는 것은 높고 낮은 빌딩의 숲이 끝없이 번져나간 도심의 살벌한 풍경이지만, 바로 창 아래에 조계사曹溪寺를 내려다볼 수 있는 아취 때문에 하루 낮을 보내는 마음이 한결 쇄락하다. 일을 하다가 문득 지친 눈을 창 밖으로 돌리면, 우람한 대웅전의 푸른 기와지붕이 선뜻 시야에 와 닿으며 시원한 그늘을 지어준다. 항시 문이 닫힌 솟을대문에 수문장을 그려놓은 단청 빛깔도 그러하거니와, 절의 이쪽 경계를 막아 높다랗게 둘러친 고풍한 돌담이 제법 고궁古宮의 뒤안 같은 호젓한 옛 정취를 자아준다. 도회의 한가운데서 잠시나마 이런 멋스러운 분위기에 젖어본다는 것이 얼마나 희한하고 흐뭇한 일인지 모른다.

그러나 내가 언제나 눈여겨 내려다보는 곳은 그러한 풍치보다 본당 앞의 별로 넓지 않은 뜨락이다. 그것이 잔디밭이거나 화단으로 꾸며진 뜰이었다면 나의 눈길을 그처럼 자주 이끌지는 못했을 것이다. 뜰 가운데에 아름드리 노목 한 그루가 떨기차게 서 있을 뿐, 그림의 여백처럼 하얗게 비어 있는 뜰이 여간 마음을 안온하게 만들어 주는 것이 아니다.

안국동 앞 한길에서 이쪽 뒷담길로 건너오는 행길 구실도 되는 이 조계사의 앞뜰은, 무심코 내려다보는 눈에 그림책을 넘길 때처럼 차분한 즐거움을 안겨주기도 한다. 때때로 수십 마리의 비둘기가 무리를 지어 내려와서 사람도 아랑곳없이 뜨락을 서성인다. 누가 모이라도 주게 되면, 어깨나 머리 위까지 마구 올라앉아 파닥거릴 만큼 이 작은 날짐승들은 사뭇 방자무애하다. 또 뜰을 지나는 선남선녀가 선 채로 두 손 모아 다소곳이 절을 하는 광경을 자주 볼 수가 있다.

그런데 본당이 있는 북쪽을 향해 드리는 배례는 알 만한데, 남쪽이나 때로는 내가 앉아 있는 서녘을 보고 절을 하는 까닭을 알 수가 없다. 나의 시야가 가려진 곳에 따로 불전이나 탑신이 있는지는 몰라도, 내가 보기로는 그저 허공을 향하여 마음속의 부처님에게 간절한 기도를 올리는 자세 같다. 그 자세가 조금도 작위作爲의 태깔이 없는 진지한 것이어서, 이쪽을 보고 다소곳이 절을 하고 있는 여인의 경건한 신심이 곧바로 나의 가슴에까지 와 닿는 느낌을 준다. 담장 하나를 살피로 이쪽

행길을 종종걸음으로 오가는 사람들과 견주어 보면 사뭇 딴 세상 같은 탈속한 정경이 잔잔하게 담겨 있는 곳이기도 하다.

나의 이런 느낌은 절 자체의 분위기보다 뜰이 풍기는 시사적示唆的인 인상에서 오는 효과가 더 큰 듯하다.

나는 절을 둘러볼 때 그곳에 있는 불당이나 석탑 같은 축조물보다 경내의 뜰에 더 매력을 느낀다. 본당 앞에 바람이 하얗게 쓸어간 빈 뜨락이 넓은 절일수록 마음에 드는 것이다. 그 하얀 뜰이 불가佛家에서 말하는 정토淨土를 연상시켜주기 때문이다. 속진이 자욱한 도심의 복판에서, 본당 뒤곁에 현대식 건물의 고층 가람을 두고 그 경내에 즐비한 자동차가 서 있을 만큼 무가내하 세속의 모습을 닮아가는 대본산의 절 마당에, 애오라지 남아 있는 빈 뜰이 숫제 불문의 정토를 간직하는 상징적인 공간이 아닐까 하는 느낌이 들기도 한다.

그것은 또한 부처님의 열린 마음의 텃밭 같기도 하다. 비둘기 떼가 마음놓고 노닐고, 안식을 찾는 중생이 예불을 하는 빈 뜨락 같은 것이 부처님의 마음자리가 아닌가 싶다. 그래서 나는 그 뜰을 볼 때마다 '마음을 비운다.'는 생각을 가져보기도 한다.

나의 경우, 마음을 비운다는 생각은 결코 해탈의 경지를 누린다는 뜻은 아니다. 그저 당면한 번뇌에서 벗어나 허심탄회할 수 있는 지혜를 갖는다면 나의 삶이 얼마나 떳떳하고 평안할까 하는 생각을 간절하게 해볼 뿐이다. 이 대수롭지 않은 지혜가 없는 탓으로 내 마음은 항시 이렇게 불편하고, 나와 얽힌 세상일이 이처럼 어지러운 것이 아닌가 하는 깨달음도 가져보는 것이다.

이런 생각을 하면서 나는 오늘도 시름없이 조계사의 앞뜰을 내려다보고 있다. 그리고 그곳에서 되풀이되고 있는 정경이 마치 대우주 속에 명멸하는 수유의 사상事象처럼 나의 시계에 깃들었다가 사라지곤 하는 것이다.

(1986)

결혼 청첩

근년에 와서 결혼 청첩을 받는 일이 부쩍 잦아졌다. 어떤 날은 같은 시간에 몇 군데의 혼사가 겹쳐 낭패를 겪는 경우가 있기도 하다. 지인들의 2세의 혼례가 한창인 나이가 된 것이다.

젊은 한때는 앞서거니 뒤서거니 하며 치르는 친구들의 결혼식이 붐볐었는데, 이제는 그 친구들의 아들딸들이 다투어 새 가정을 꾸려 나가는 예식이 한창이니 가히 세월이 덧없다는 느낌이 새롭다. 숫제 어제는 내가 함진아비가 되어 그의 처갓집 식구들을 짖궂게 골탕먹이던 일이 엊그저께 같은 친구의 아들 결혼식에 참석하였다. 제법 가슴에 꽃을 달고 양가 부모석에 엄숙히 앉아 있는 친구의 반백의 주름진 얼굴을 보니 웬일인지 마음이 서글퍼졌다. 나에게는 그가 꼭 자기 자신의 인생을 배웅하는 자리에 앉아 있는 사람처럼 보이는 것이다.

아무튼 청첩을 받게 되면 달리 긴한 사정이 없는 한 참석하여 '자리를 빛내'게 되는 것인데, 물론 혼가의 경사를 축하하는 목적이지만 그보다는 그곳에서 오랜만에 아는 이들의 얼굴을 만나는 것도 무시할 수 없는 즐거움인 것이다. 초등학교의 동창생일 때는 멀리 시골에서 올라온 죽마고우竹馬故友를 오랜만에 만나는 수가 있고, 옛 직장의 동료일 경우는 그동안 잊고 지낸 한때 무척 다정했던 옛 동료를 뜻않게 만나게도 된다.

지난번에는 방학 때면 시골집을 번갈아 찾아다녔을 만큼 친하게 지내던 중학 동창생을 참으로 오랜만에 식장에서 만났다. 가끔 동안童顔으로만 그리던 얼굴이 사뭇 풍상을 쓰고 낙엽처럼 구겨져 있었다. 그 속에 우련한 옛 모습을 담고 있는 것이 애오라지 반가우면서도 어쩐지 마음속에 까닭 모를 슬픔을 자아준다. 그러나

"자네는 늙지도 않네그려."

"아니, 자네야말로 옛날 그대론데."

이렇게 마음에도 없는 위안을 주고받는 것이 초로들의 해후邂逅에서는 뺄 수 없는 수인사가 되기도 한다.

예식이 파하면 그냥 헤어지기가 아쉬워 끼리끼리 다방 같은 곳에 모여 앉아 얘기들을 나누게 마련이다. 이런 때의 화제는 으레 상대방의 근황을 궁금히 살피는 것이 첫대목을 이룬다. 요즘은 어떻게 지내느냐는 물음이 오가는 것이다. 그것은 인생의 여백기餘白期를 무엇으로 소일하느냐는 뜻이 담긴 물음인

것이다. 비록 변변한 일자리를 지니고, 인생은 60부터라느니, 제2의 인생을 사느니 하며 큰 소리를 치는 사람도 그 자신의 생애에서 볼 때 이순을 헤아리는 일상이 결코 진취적이거나 장래지향적인 생활일 수는 없을 터이었다. 그래서 노년기의 일상은 '생활'이라는 개념보다 '소일'이라는 말이 보다 적실한 뜻을 갖는 것이다.

그러나 소일하는 처지에도 그 터수는 자별한 법이다. 재물로 밥술깨나 먹는 친구는 항상 신색부터가 밝다. 말수에 물기가 돌고, 차를 날라오는 레지를 붙들고 느물느물 수작을 거는 숫기에도 여유와 자신이 넘쳐흐른다. 그런 친구를 마주 바라보며 얼마큼 풀이 죽어 있는 쪽은 별 볼일 없이 집에서 소일하는 친구이다. 그러나 아주 기가 죽는 것은 아니다. 슬그머니 아들이나 사위 자랑을 하고, 커가는 손주들의 재롱을 벗삼아 지내는 그 나름의 보람을 피력하는 것이다. 그런데 짜장 딱한 것은 새삼스럽게 명함을 집어내어 부질없다는 시늉으로 건네주는 친구이다. 정체불명의 회사 이름에 회장이나 고문이라는 거창한 직함이 박힌 명함인 것이다. 후배가 경영하는 업체인데 꼭 좀 도와달라는 간청에 못 이겨 소일삼아 나간다는 주석이 따르는 법이지만, 알고 보면 결코 그렇게 의젓한 처지가 못 되는 것이 일쑤이다.

다음에는 건강관리에 대한 얘기가 오가게 마련이다. 이제 지킬 것은 건강뿐이라는 것이다. 돈을 잃는 것은 일부를 잃는 것이요, 명예를 잃는 것은 반을 잃는 것이며, 건강을 잃는 것은 전부를 잃는 것이라는, 제법 그럴듯한 건강지상주의의 인생철학을 구성지게 주워섬기기도 한다. 나름대로의 방법론이 백출하는 것인데 아무튼 노후의 건강에는 꾸준한 몸 운동이 보약보다 낫다는 데 의견이 합일한다.

아침마다 4킬로 정도의 조깅을 하니까 좋더라고 한 친구가 말한다. 그건 심장에 부담을 주어 오히려 위험하므로 한 시간쯤 그냥 걷는 것이 좋다고 또한 친구가 들고 나온다. 전신운동에는 수영에 덮을 것이 없노라고 자신만만하게 말하는 친구는 저명한 인사들이 많이 나온다는 헬스클럽의 회원임을 은근히 자랑한다. 그러자 재미도 즐기면서 할 수 있는 운동은 골프밖에 없다고, 창공에 백구를 날리며 초원을 밟고 가는 멋을 자랑하는 친구가 실내 운동의 따분함을 들어 수영설을 견제한다. 그러나 돈 들이지 않고 아무나 할 수 있는 가장 좋은 운동은 등산이라고 하는 주장에 대해서는 별로 이의가 없는 것이 상례이다. 심신을 단련하는 데도 좋으려니와, 대자연의 아름다운 경관을 조망하며 동행한 벗들과 소담한 음식으로 주흥까지 곁들일 수 있는 정취를 그르다고 할 사람은 없는 것이다.

그러나 무슨 운동을 하든, 이제 소모기에 접어든 체위를 향상시키는 구실이 못 되기는 마찬가지일 터이다. 이렇게 땀 흘리며 지탱하는 건강이 시나브로 마모되어 마침내는 수명을 다한 기계처럼 작동을 딱 멈출 운명의 육신이라고 생각하면, 인력이 지니는 한계의 속절없음이 새삼스레 가슴에 와 닿는다.

"아, 그런데, 이무개가 죽었다던데."

"언제?"

"달포쯤 됐을까? 나도 지난 담에야 들어서 초상 때는 가보지도 못했지."

"아니, 얼마 전에 누구의 결혼식장에서 만났던 것 같은데…. 뭘로 죽었대?"

"간암이었다나 봐."

"허 참, 그 친구가 나보다는 두 살 아래인데."

"죽는 데는 앞뒤가 없는 법여."

"거 참, 좋은 사람이었는데."

마침내 화제는 느닷없는 부음으로 이어진다. 그러나 결코 슬픈 사연일 수는 없었다. 뜻밖의 소식에서 받은 충격파는 이내 아물게 마련이다. 그저 있었던 일을 새로운 정보로 접하는 정도의 화젯거리에 불과한 것이다.

그리고 그 화제가 다시 사람들의 입에 오르는 일은 없는 법이다. 생각해보면 결코 대수로운 일은 아니다. 이슥한 동안 잊고 지내다가, 이렇게 결혼식장 같은 데서 문득 만나 반기던 사람이 다시는 문득 만나 반기는 일이 없어졌다는 사연에 불과한 것이다.

오늘도 몇 장의 청첩장이 배달되어 왔다. 이렇게 영일없이 찾아오는 결혼 청첩이 어느새 뜸해질 무렵이 되면, 마침내 나의 인생에는 잔치가 끝난 뒤의 적막이 엄습하리라는 생각을 지레 해보면, 오늘따라 마음에 소슬한 가을을 느낀다.

(1987)

마르코스의 집터

시드니의 호사

수치심의 문화

대장닭

유령

마담뚜

똥개

개를 키우며

마르코스의 집터

지난해 가을, 하와이에 들렀을 때이다. 한나절의 짬을 내어 주도州都 호놀룰루가 있는 오아후 섬을 한 바퀴 도는 관광을 하게 되었다. 세계적인 관광지로 이름 높은 하와이의 풍물과 현대문명의 너울 속에 사라져가는 폴리네시안 문화의 흔적 같은 것을 차를 타고 문자 그대로의 주마간산走馬看山을 한 셈인데, 그 중에서도 가장 나의 흥미를 끈 구경거리는 해변의 길가에 널브러져 있는 어떤 빈 집터였다.

그것은 관광 스케줄에 들어 있는 무슨 유명한 유적지가 아니고, 이왕에 마르코스가 살았다는 집터이다. 그 앞을 지나면서 가이드를 겸한 운전기사는 집터의 내력을 다음과 같이 설명한다.

마르코스 대통령이 하와이로 망명하여 처음 세를 얻어든 집이 바로 이 집터에 서 있던 저택이라고 한다. 하와이에는 그가 현직으로 있을 때 빼돌린 돈으로 마련해 둔 호화 별장이 버젓이 있었는데도, 남의 이목耳目을 의식해서인지 짐짓 셋집을 얻어서 든 것이라고 한다.

그러자 사람들의 눈총은 모두가 이 집으로 쏠리게 되었고, 악명 높은 그의 내외에게 마치 침이라고 뱉듯 그 집 앞을 지나는 자동차들은 약속이나 한 듯이 경적 소리를 크게 울렸다고 한다. 숱한 차들이 울려대는 요란한 경적 소리에 잠을 이루지 못한 이멜다 여사는 마침내 신경쇠약증에 걸리고, 일이 이렇게 되자 마르코스는 별수 없이 짐을 꾸려 산기슭에 있는 자기 소유의 별장으로 옮겨가고 말았다는 것이다.

그런데 재미있는 일은 그 집 주인의 뒷갈망이다. 입주자를 잘못 만나 하루아침에 흉가로 변한 집이 보기에 흉하였던지, 멀쩡한 집을 기어코 불도저로 밀어 없애고, 해거리 농사라도 짓듯 저렇게 터를 묵혀놓고 있다는 것이다. 쓴웃음들을 지으며 설명을 듣고 있던 관광객 중에서 잠시 우문현답愚問賢答이 오갔다.

"마르코스가 죽일 놈 살릴 놈 해도 역시 현명한 사람이었구먼. 만약 하와이에다 별장이라도 사두지 않았더라면 지금쯤 어떤 지경이 되었을까?"

"그야 자기의 고국에서 국민들의 숭앙을 받아가며 잘 지내고 있었겠지."

(1988)

시드니의 호사

호주의 시드니는 세계적인 미항美港으로 이름난 도시이다. 흡사 거대한 배가 물 위에 떠있는 듯한 도시의 경관이 무척 아름다운 데다가 기후가 쾌적하여 세계 각지에서 리조트 관광객들이 끊임없이 모여드는 곳이기도 하다.

이곳에 오면 관광객들은 으레 유람선을 타고 항만의 가장자리를 끼고 한 바퀴 돌아나오는 해상관광을 하게 마련이다. 두 시간 반 가량이 걸리는 이 선상船上유람을 하노라면, 시드니가 자랑하는 조개 껍데기 모양의 오페라하우스와 그들 시민이 '그리운 양복걸이(Old Coat Hanger)'로 애칭하는 허버브리지를 바다 위에서 바라보는 장관을 만나게 되지만, 그보다는 비탈진 해안의 기스락에 자리잡고 있는 색색가지의 호화별장들이 가관이다.

굽이진 해안을 끼고 세계의 부자들이 돈을 다투어 호사를 다한 이 별장지대는 이름 그대로의 별천지이다. 백화가 난만한 넓은 정원 속에 성장한 여왕처럼 화사하게 좌정해 있는 저택과, 그 아래에 가족끼리 낚시질과 수영을 즐길 수 있는 전용 해변을 거느린 집들이 뱃길을 따라 새록새록 나타나는 광경은 선상의 관광객들의 넋을 빼앗기에 충분했다. 말하자면 이 해상관광길의 큰 몫은 동화의 세계를 방불케 하는 호화별장의 전시장이 차지하는 것이다. 그것도 디즈니랜드와 같은 가공의 세계가 아니고, 돈의 위력과 멋을 한껏 과시해 보인 꿈같은 현실의 세계를 관광객들은 일금 1만 원씩의 요금을 내고 선망과 경탄 속에서 바라보며 잠시 동안의 여수旅愁를 달래는 것이다.

마음이 가난한 나그네들이 할 수 있는 사치는 이 기막힌 경광을 카메라에 열심히 담는 일이다. 먼 후일에 남는 것은 오직 사진뿐인지라, 내가 이곳에 몸소 왔노라 하는 추억과 자랑거리의 증거물로 삼기 위한 것이다.

"바로 저 앞에 보이는 하얀 건물이 영국의 아무개 씨 소유의 별장인데, 지금 2천만 불에 나와 있습니다. 여러분 가운데 매입을 희망하시는 분이 계시면 반드시 이 사람을 통해 신청하십시오. 그러면 특별히 주선하여 살 수 있게 해드리겠습니다."

그런 관광객을 비웃기나 하듯 가이드의 익살스러운 안내방송이 스피커에서 흘러나온다.

나는 새삼스럽게 돈이 갖는 힘과 가치라는 것을 실감했다. 가진 사람일수록 더 많은 돈을 탐하는 까닭을 비로소 알 것만 같았다. 그리고는 서울을 떠나올 때 한창 인구人口에 회자膾炙되던 어느 전직 고위공직자의 재산 해외 도피설이 문득 머리에 떠올랐다. 그 풍문이 사실이라면 여기쯤에 한 동아리를 장만해 놓음직도 하다는 생각이 들었다.

어설픈 객기인지는 몰라도 나는 탐욕무한貪慾無限의 인생을 살아가는 사람들을 보면 그의 지체나 터수가 높으면 높을수록 되려 불쌍해지리만큼 천박한 느낌을 받는다. 그러한 내가 흡사 시렁 위의 포도가 떫다고 시기하는 여우의 딴청과 같은 주제 꼴인지는 모른다. 그러나 적어도 한 나라의 대권大權을 쥔 사람이 재물을 탐한다는 얘기를 들으면 도시 그 심사를 이해할 수가 없어 마음이 답답하고 안타깝다. 만인이 우러러보는 자리에서 나라의 큰일을 맡아 하는 몸으로 무엇이 또 미흡하여 부정한 재물을 탐할까 하는 생각이다. 용혹 권좌權座에서 물러난 뒤의 생계가 불안해서라면 참으로 미련하고 을씨년스런 궁리가 아닐 수 없다. 나라에서 주는 연금과 백성들이 받드는 예우만으로도 여생을 넉넉히 지낼 수가 있기 때문이다. 재임 중에 몸가짐을 반듯하게 가질수록 그 보장된 여생은 더욱 빛나고 행복한 법이다. 그런데 그들은 왜 얼마를 더 잘살겠다고 스스로의 묘혈을 파듯 재물을 탐하여 부정을 저지르는 것일까? 알다가도 모를 노릇이다, 하고 생각하여 왔던 것이다.

그 의문이, 내가 어쩌다가 외국에 와서 팔자에 없는 유람선을 타고 이름난 미항의 호사한 바람을 쐬면서 저절로 풀린 셈이 되었다. 그러니까 나의 맥맥한 궁리는 대명천지를 구경 못한 우물 안 개구리의 생각이었던 것이다. 연금 따위에 매달려서 꾀죄죄하게 살아갈 것이 뭐람. 이왕이면 이런 곳에다 집을 하나 마련해 놓고, 세계의 부자들과 어울려 한판 멋지게 살아볼 수도 있지 않은가? 그러나 이것은 꿈같은 생각이다. 아까 영국의 부호가 팔겠다고 내놓은 집이 2천만 불이라, 우리 돈으로 치면 대충 1백40억 원이다. 얼마큼의 부피를 갖는 돈인지 나로서는 언뜻 헤아려볼 엄두가 나지 않는다. 하지만 몇 년 전에 어떤 아녀자가 무슨 어음인가로 들어먹고 감옥에 들어간 돈에 비하면 별것도 아닌 것이다.

집값은 그렇다 하고라도 그 집의 체모에 걸맞도록 꾸려갈 생활비 또한 수월찮을 터이다. 당장 바다 나들이를 할 전용 요트를 한 척 갖추지 않으면 제구실을 할 수가 없다. 아무튼 엄청난 돈을 쥐어야만 될 노릇인 것만은 틀림이 없겠다.

그리하여 저 아방궁 같은 저택의 정원에서 호화 파티도 열고, 때로는 꽃 같은 미희를 불러 요트에 싣고 바다 산책을 즐기기도 하는 것이다. 필부匹夫에게는 언감생심의 망상妄想이지만, 권력의 칼자루를 쥔 사람으로는 마음만 모질게 먹으면 결코 안 될 노릇도 아니다.

그런데 그들은 왜 하필이면 남의 나라 땅에다 둥지를 틀고 여생의 낙을 누리려고 꾀하는 것일까? 그만한 돈이면 고국에서도 떵떵거리며 지낼 수가 있다. 그러나 그것은 안 될 일이다. 국내에서는 남의 눈이 두렵고, 그런 비리의 지도자를 백성들이 그냥 보고만 놔두지 않기 때문이다. 그래서 언제나 뒤가 켕기는 금권자가 짜내는 궁리가 재산의 해외 도피인 것이다. 여차하면 보따리를 싸갖고 외국으로 날으는 데도 십상의 방법이 되는 것이다.

그러나 조국을 등지고 외국에 나가 산다고 하여 간대로 오붓하게 지내느냐 하면 반드시 그렇지가 않는 데에 문제의 꼬리가 남는다. 거금을 빼돌려 미국에 정착한 왕년의 김 아무개는 어느 귀신이 잡아갔는지도 모르게 지상에서 사라졌고, 필리핀의 마르코스는 망명지 하와이에서 병이 들자 수구초심首丘初心 고국을 못 잊고, 훔친 돈을 모조리 돌려줄 테니 제발 고향 땅을 밟게 해 달라고 애걸하다가 죽어갔다.

"욕심이 잉태하면 죄를 낳고, 죄가 자라면 죽음을 가져온다."라는 성경 말씀 그대로의 길을 밟은 것이다.

그러니 결국 욕심을 버려야 한다는 궁리로 되돌아온다.

마음이 가난한 자에게 복이 있나니, 미항 시드니의 호사는 그저 지나가는 나그네의 허물없는 눈요깃감으로만 삼고, 속절없는 선망의 정은 시원한 바닷바람과 함께 허공 속으로 소지燒紙처럼 날려보낼 따름이겠다.

(1990)

수치심의 문화

창세기 때 아담과 이브는 분별의 과일 선악과를 따 먹고 제일 먼저 발견한 것이 실오라기 하나 걸치지 않고 있는 자신들의 벌거벗은 육체이다. 수치심으로 얼굴이 홍당무가 된 그들은 황망히 나뭇가지를 꺾어 자신들의 치부부터 가렸다.

인간이 부끄러움을 느끼고 다른 물체로 치부를 가린 최초의 사건일 것이다.

인류의 문명이란 결국 인간의 치부를 가린 나뭇잎과 같은 것이 아닌가 싶다. 한 벌에 기천만 원을 호가하는 호화의상도 따지고 보면 이브가 엉겁결에 치부를 가린 나뭇잎에 남상을 두는 문명의 소산이라 할 것이다.

그러고 보면 문명이나 문화는 인간이 치부를 감추기에 발산되는 지혜의 에너지라고 할 만하다. 숱한 물질문명은 말할 것도 없고, 진리다 도덕이다 예술이다 하는 정신문화적인 현상도 구경은 그 원초의 치부를 가리는 엄폐물에 불과하다는 생각이다. 그래서 인간은 치부 그 자체의 존재인지도 모른다. 이렇게 말하면 마치 '인간 성악설性惡說'을 편들고 하는 궁리같이 들릴는지 모르나, 그런 차원의 얘기는 아니다.

그런데 '치부'는 무엇이냐가 문제이다. 문자 그대로 '부끄러운 곳'일 터이다. 인체에서 가장 부끄러운 곳은 우리 인류의 조상이 어둠 속에서 갑자기 불이 켜지듯 지각이 들자 황급히 맨 먼저 나뭇잎으로 가릴 부위가 될 것이다. 그 허다한 신체 부위 가운데서 왜 하필이면 그곳을 부끄럽게 여겼을까?

내 나이 또래의 남자들이 어릴 때는 거의가 아랫도리를 벗고 지냈다. 반벌거숭이로 흙바닥에서 뒹굴고 있을라치면 어른들이 지나다가 "이놈 고추 하나 따 먹자." 하고 그것을 떼어 입에 넣는 시늉을 한다. 집에 돌아오면 흙투성이의 몸을 씻어 주는 어머니께서도 그런 시늉을 하며 대견해 하시던 것이 어렴풋하게 기억 속에 남아 있다. 어른들이 조르면 내 손으로 그것을 떼어 입에 넣어주는 시늉을 하여 웃음판을 만든 생각도 난다.

그러던 것을 치부로 생각하고 남에게 내어 보이기를 꺼려한 시기가 어느 때부터였는지는 기억에 확실하지가 않다. 아이들을 키우면서 관찰한 짐작으로는 말을 익히기 시작한, 그러니까 유아기를 벗어나 조금씩 지각이 들기 시작한 무렵이 아니었는가 싶다. 이때쯤부터 아이들은 그곳에 손이 닿으면 전에 없이 점직한 웃음과 함께 거부하는 몸짓을 보이는 것이다. 그것이 신체의 보통 부위와는 자별한 사실에 지각이 미친 것이 분명하다. 어쩌면 그것은 성에 대한 지각일지도 모른다. 그 부위에서 성적 본능의 감응 같은 것을 지각하고 그것을 부끄럽게 여기는 것이 아닌가 싶다.

그렇다면 인간의 지각은 누구나가 지니는 성본능에 대해 원초적으로 수치심을 갖는 것이 된다. 우리 인류의 조상은 성적 지각이 생기면서 동시에 수치심을 깨친 것이다. 이것이 창세 벽두에서 인간으로 하여 낙원을 잃게 만든 사연의 진상이 아닌가 한다.

인생은 느끼면 천국이고, 생각하면 지옥이라고 했다던가. 성적 본능은 느낌의 영역이지만, 그에 대한 수치심은 지각의 세계이다. 인간은 성적 지각에서 수치심을 느낌으로써 낙원에 안주할 수 없는 몸이 된 것이다.

그리하여 낙원에서 쫓겨난 인간은, 문명이라는 이름의 그들 나름의 낙원을 구축하기에 이른다. 하지만 이것은 애초부터 안 될 궁리였음이 실증된다. 문명은 우리 인간이 회귀본능으로 추구하는 원초의 낙원과는 아주 거리가 먼, 오히려 반낙원적인 속성에 뿌리를 두는 것이기 때문이다.

인류 최초의 문화는 아담과 이브가 엉겁결에 나뭇가지를 꺾어 치부를 가린 행위에서 찾아야 한다. 시재에 와서 보면 하나의 조그만 자연훼손 행위에 불과하다 하겠지만, 이것은 신이 마련한 낙원의 균형을 파괴하는 엄청난 사건이 아닐 수 없다. 신이 마련한 낙원은 있는 그대로를 누리는 투안과 행복에 있었던 것이다. 풀 한 포기, 나무 한 그루, 바위 한 조각이 원형의 구도에 의해 쾌적한 균형을 이룬 서식 환경 속에서 인간은 실오라기 하나 걸칠 나위 없는 벌거숭이로 행복하게 살았던 것이다. 그 원형의 행복이 나뭇가지와 함께 와지끈하니 부러지고 만 것이다. 그래서 우리 인류의 문명은 처음부터 파괴를 예비하여 있고, 행복하려는 작위가 발달할수록 더욱 불행을 자초하게 하는 숙명을 지닌다. 그 숙명의 징후가 현대의 말기 현상에서 또렷한 모습을 드러내고 있다. 언제 터질지 모르는 핵전쟁의 위협이나 지구의 생기를 점점 말려가는 공해 문제 같은 것이 그러하다. 그런데 인간의 수치심이 성본능의 지각에서 발생했다면 성본능의 무엇에 부끄러움을 느끼는 것일까? 성본능의 속성은 쾌감에 있다. 그러니까 수치심은 성적 쾌감에 대한 반동적인 지각이라고 보아야 한다. 이래로 수치심은 인간으로부터 성본능의 쾌락적 속성을 억압하고 엄폐하기에 온갖 문화적인 발상을 이바지한다. 대체로 쾌락 그것을 부도덕한 것으로 삼는 소이기도 하다. 그 중에서도 이성 간의 혼인제도는 본능이라는 인간의 치부를 가장 그럴듯하게 엄폐한 발상이라 할 것이다. 성현들은 '남녀칠세 부동석男女七歲不同席'과 '마음속으로도 간음하지 말라.'는 계율을 마련하여 혼외의 교접에 굴레를 씌워 놓았다. 그들은 수치심의 문화를 창제하는 천재였던 것이다. 같은 짓거리를 두고도 부부간의 그것은 '부부관계'라고 하는 매우 은근한 표현에 의해 다반사의 행위로 치부하지만, 그렇지 않은 것은 '불륜'이나 '음행'의 이름으로 가차없이 수치심의 다스림을 받게 된다. 부부 사이의 행위에서는 숫제 쾌락적인 요소가 공제되어 버리고, 오직 자손 생산의 기능만으로 존중되는 법이다. 하지만 부부관계라 할지라도 남들이 보는 앞에서는 할 수 없다. 어떤 명분으로도 성행위가 수치문화羞恥文化의 두꺼운 벽을 뚫을 수는 없는 것이다. 스스로의 수치심으로도 할 수 없지만, 법이 음란죄로 다스리게 되어 있다. 그래서 서양의 어느 괴짜 부부가 백주대로상에서 그 짓을 하다가 경찰서에 붙들려 온 장면을 TV의 해외 토픽에서 본 적이 있는데, 이 멀쩡한 젊은 부부는 알고 보니 두 사람이 모두 소경이었다던가.

인간의 성본능은 수치심의 가혹한 탄압에도 불구하고 어떤 형태로든 간에 부단히 자기 시현을 꾀하는 또 하나의 본능을 갖는다. 인간의 온갖 동작이, 이를테면 손으로 물건을 쥐는 일이나 필통 속에 연필을 꽂는 행위 따위의 모두가 무의식 속에 잠재하는 성충동의 표징이라고 갈파한 것은 프로이드이다. 모든 문명이나 문화현상이 수치심의 프리즘을 거친 성본능의 표출이라는 사실을 말해주는 발견이 아니겠는가 싶다.

그런데 우리 인간은 이제 그 거추장스러운 문화적인 차폐물을 내동댕이치고 감추어져 있던 치부를 당당하게 드러내 보이는 새로운 풍토의 문화를 빚어가기에 이른 것이다. 이왕의 수치심은 몰염치와 흉악성의 체질로 변신하고, 조신하던 성윤리는 난음의 경애를 넘어 성폭행이라는 색다른 형태의 유형을 창출하고 있다. 그 옛날 낙원에서 쫓겨난 우리 인류는 바야흐로 인간의 영토마저 잃어가고 있는 것이다.

이제 우리는 무엇에 뿌리를 의지하고 살아가야 할 것인가. 생각하면 참으로 난감한 일이 아닐 수 없다.

(1990)

대장닭

'장닭'은 수탉의 잘못된 일컬음이라고 사전에 나와 있다. 그러나 내가 자란 고장에서는 수탉은 모름지기 장닭으로 통한다. 다만 수탉은 암수를 가릴 때 이례적으로 쓰일 따름이다.

집에서 닭을 키워 보면 닭의 수컷을 일컬어 장닭이라고 한 선지자의 적실한 언어 감각에 탄복할밖에 없다. 장닭의 '장'은 한자의 '將', '丈' 혹은 '壯'에 연원을 둔 것이 아닌가 싶다. 암탉의 무리를 이끌고 다니는 늠름한 모습이 장군다우니 '將닭'이요, 그 자태가 암탉에 비해 출중하게 의젓하며 장부다우니 '丈닭'이요, 권속을 거느리는 풍도가 미물 같지 않게 장하고 갸륵한 바가 있으니 '壯닭'으로 명명한 것이 아니겠는가 하고 짐작해 보는 것이다.

우리 집의 대장닭은 휘하에 수탉 두 마리와 암탉 열 마리를 거느리고 있다. 훤칠한 목줄기에 떡 벌어진 가슴팍과 태깔이 번지르한 붉은 깃털에 검은 색 멋진 꼬리를 지닌, 내가 보기에도 반할 만큼 탐스럽게 잘생긴 수탉이다. 숫제 '미스터 수탉 선발대회' 같은 것이 있다면 출품해 봄직도 한 그야말로 닭의 남성미를 깔축없이 갖춘 훌륭한 수탉인 것이다.

그 잘생긴 허우대로 뭇닭을 거느리며 뜨락과 텃밭을 무소부지無所不至로 활보하는 모습은 가히 사위를 제압하고 남음이 있을 만큼 위풍이 당당하다. 그의 걸음걸이를 관찰하면 장부다운 풍모가 한층 돋보인다. 간대로 서두르는 법 없이 한 자죽 한 자죽을 점잖게 옮겨놓는 발걸음이 지체 높은 옛 선비의 그것을 방불케 하고, 유난히 큰 볏을 연신 너풀거리며 기웃기웃 좌우를 경계하면서 걷는 품은 그 옛날 투구와 패도를 장착한 장군이 군졸을 이끌고 앞장서 가는 위용을 닮았다.

그러나 그가 대장닭의 이름에 손색없는 구실을 하는 소이가 결코 그 빼어난 허울이나 위풍에만 있는 것이 아니다. 권솔을 보살피는 매너와 책임의식이 참으로 장자답다.

모이를 뿌리면 결코 먼저 덤비는 법이 없다. 뭇닭이 몰려들어 정신없이 쪼아먹는 이윽한 동안을 그는 우뚝 고개를 쳐들고 주위를 두리번거리며 경계 태세를 한층 가다듬는 것이다. 향응 중에 외적의 기습을 받고 망한 우리네 인간사의 숱한 패장들에 비하면 얼마나 슬기롭고 믿음직한 수장인지 모른다.

암탉을 거느리는 매너 또한 우리 인간의 남정네들이 배울 바가 많다. 항상 넓은 가슴과 푸근한 깃으로 감싸듯하며 거느리는 것이다. 알자리를 마련해 놓으면 점검이라도 하듯 으레 제가 먼저 들어가 앉아보고 나온 다음에야 암탉을 들여보낸다. 그러고는 알을 낳는 동안 줄곧 둥지 곁을 지키며 떠나지 않는 것이다.

한번은 개집에 매어 놓은 사나운 진돗개의 목줄이 풀려 뜨락에서 평화롭게 노닐던 닭들을 개가 습격하는 바람에 큰 소동이 일어난 적이 있다. 평소 같으면 대장닭의 통제 아래 무리를 지어 개집 근처, 그러니까 개의 목줄이 미치는 거리의 한계선 밖 언저리를 얼찐거리며 약을 올리곤 하던 터수이지만, 일단 그 안전판이 무너진 마당에서는 걷잡을 새가 없다. 처음 맞닥뜨린 암탉 한 마리가 비명 소리와 함께 피투성이로 쓰러지고, 남은 닭들은 혼비백산 사분오열로 분주하는 난장판이 벌어진 것이다. 그런데 이 판국에서도 대장닭만은 그 자리를 맴돌며 뭇닭들의 피난을 재촉하듯 꼬꼬댁 소리를 부산하게 내지르다가, 위기일발 피격 직전에 이르러서야 요란한 날갯짓과 함께 멀리멀리 달아나는 것이었다.

이런 대장닭은 그만큼 권속을 다스리는 카리스마 또한 대단하다. 그가 모이를 줍기 위해 모이판에 다가서면 정신없이 모이를 쪼던 뭇닭들은 일제히 식사를 중지하고 몇 걸음 물러나서 자리를 양보하게 마련이다. 그러고서 얼마 동안 기다렸다가 대장닭의 식음이 삼매경에 들 즈음해서야 비로소 조심스레 다가와 회식에 동참하게 되는 법이다.

그런데 부주의하게도 이 예도를 망각하고 버릇없이 곁에 와서 함부로 부리를 놀리다가는 그것이 비록 애첩 격인 암탉이라 하더라도 치도곤을 맞고 쫓겨나는 것이다.

총중에서 무엇보다도 불쌍한 존재는 두 마리의 수탉이다. 그들은 언제나 대장닭의 눈치를 슬슬 살피면서 겉돌아야 한다. 한데 어울려서 모이를 줍거나 뜨락을 거닐다가 무엇을 잘못했는지 느닷없이 대장닭에게 뒤통수를 쪼여 비명을 지르기가 일쑤이다. 한번은 그 중 한 놈이 대장닭 옆에서 목줄띠를 뻗고 기지개를 켜다가 호되게 얻어맞고 나동그라지기도 했다. 쪽을 못 쓴다는 말이 바로 이것을 두고 생겼거니 싶은 광경이기도 하다. 그러니 수컷 구실을 한답시고 암탉을 넘보기란 더더욱 어림없는 노릇이다. 마치 환관이 임금 앞에서 궁녀를 넘보는 일만큼이나 안 될 궁리인 것이다. 어쩌다가 한 놈이 그짓을 시도하다가 울타리 끝 구석배기까지 쫓겨 달아난 일이 있다. 궁중의 법도였다면 능지처참을 당하고도 남을 죄과이지만, 그만한 정도의 혼띔으로 끝내는 것이 고작이니 자못 우리네 인군人君의 도량보다 크고 넓다 하겠다.

하기야 대장닭 그도 한때는 그런 수모와 핍박 속에서 성장한 쓰라린 과거의 소유자이기도 하다. 우리 집 울타리 안에서의 계보로 따져 그는 3대째의 대장닭이다. 그는 할아버지 닭의 권좌를 찬탈하여 대장닭이 된 아비닭의 시하에서 한동안 죽어

지내다가 어느 날 처절한 결투 끝에 애비 닭을 물리치고 마침내 오늘의 대권을 거머쥐게 된 것이다. 그뿐 아니라 그에게는 친조모이자 바로 어미가 되는 씨암탉까지를 자신의 처첩으로 차지하고 만 것이다. 그러니까 그의 혈통 속에서 오이디푸스적인 숙명의 피가 면면하게 흐르고 있는 셈이다. 어쩌면 권력 그것의 생태가 숙명적으로 오이디푸스의 혈통을 지닌 것인지도 모른다. 따라서 그 숙명의 피는 의당 그가 미구에 맞이할 운명, 즉 그가 지금 누리고 있는 절대권력의 비참한 종말을 예비하는 것이기도 하다.

미상불 그 운명의 조짐이 그들의 내부에서 서서히 무르익고 있었다. 요 며칠 새에 부쩍 체구가 우람스러워진 수탉 한 마리의 거동이 심상치 않은 것이다. 여느 때 같으면 고개를 조아리고 물러났어야 할 대장닭의 경고성 도발에도 꿈쩍 않고 버텼다. 눈만 한번 껌벅하고서 콧방귀라도 뀌는 눈치였다. 그것은 마치 머리 큰 자식이 부모의 말을 대수롭잖게 받아넘기는 그런 시건방진 태도 같기도 했다. 힘으로는 당할 수 없는 후레아들의 빗나간 대거리에는 별수 없이 이쪽에서 강경 자세를 걷어들일밖에 없는 노릇이다.

그러던 놈이 이제는 대장닭이 보는 앞에서 암탉을 마구 덮치기 시작한다. 그럴 때마다 대장닭의 거동을 살펴보면 짐짓 외면이라도 하듯 먼 산만 멀뚱히 바라볼 뿐인 것이다. 그 기죽은 듯한 자태가 웬일인지 처연해 보인다. 그제사 눈에 띈 것이지만, 그의 삽상한 검은 꼬리에 언제 생겼는지도 모를 흰 깃털 한 오리가 도드라져 보였다. 마치 초로의 귀밑머리에 내비친 흰 머리카락과도 같이-.

(1992)

유령

어릴 때, 나의 고향 진주에서 '얼마 전에 실지로 있었던 사건'이라는 전제가 붙어서 한동안 떠돌아다니던 이야기이다.

자정쯤해서 손님을 태워다 주고 돌아오던 택시 운전기사가 도립병원 정문 앞을 지나가다 때마침 손을 들고 차를 세우는 여자 손님 한 사람을 태웠다. 소복을 입고 강보에 갓난아이를 싸안은 젊은 여인은 눈이 부실 만큼 미인이었다. 그런데 운행 도중 운전석의 백미러에 비치는 뒷좌석에는 의당 있어야 할 여인의 모습이 보이지 않아, 이상히 여긴 운전기사가 뒤돌아보면 그곳에는 깔축없이 강보를 안은 여인이 조용히 앉아 있는 것이다. 조금 수상쩍은 느낌이 들었지만 피로에서 오는 시각의 탓이려니 하고 여인이 세워 달라는 어느 집 대문 앞에 차를 세웠다. 차비는 곧 집에서 가지고 나와 지불하겠다는 말을 남기고 여인은 대문 안으로 사라졌다. 그런데 곧 나오겠다는 여인은 한참이 지나도록 나타나지 않았다.

기다리다 못한 운전기사가 요란스레 문을 두드리자, 이윽고 초로의 남자가 문을 열고 잠에서 덜 깬 얼굴을 내밀었다. 운전기사한테서 자초지종을 들은 집주인인 노인도 처음에는 아무도 온 사람이 없다고 딱 잡아떼다가, 무엇에 생각이 미쳤는지 안으로 들어가서 액자에 든 사진 한 장을 가지고 나왔다. 혹시 태우고 온 여자가 이 사람이 아니냐고 묻는 것이었다. 바로 그 사람이라니까 집주인은 모든 사연을 깨쳤다는 듯이 크게 수긍을 하고 잠자코 다시 안으로 들어가 돈을 내왔다. 소정의 차비보다 훨씬 많은 돈을 건네주면서 그는 내력을 들려주는 것이었다. 그 젊은 여자는 나의 외동딸이며, 작년에 도립병원에서 산고를 겪다가 죽었는데, 오늘이 바로 그 기일이라는 것이다. 기함을 하게 놀란 운전기사는 그것이 빌미가 되어 몸져눕게 되었고, 그도 미구에 죽고 말았다는 것이다.

이 이야기를 들은 뒤로 나는 대낮에도 도립병원 근처를 얼씬하기조차 꺼렸다. 시내에서 조금 외딴 곳에 위치하고 있던 우중충한 벽돌 건물이 온통 망령을 빚어내는 소굴처럼 느껴졌다. 이것 말고도 유령 이야기는 흔히 들어온 터이지만, 그 어느 때보다도 이 이야기가 실감나게 와 닿은 것은 줄거리의 그럴듯한 구성에 있는 듯하다. 망령이 나타난 장소를 실재하는 병원의 문 앞으로 한 것, 망령의 형체가 거울에는 비치지 않았다는 가설의 설정, 망령이 나타난 때를 바로 망자의 일 주기가 되는 날로 잡은 점 등이 안성맞춤의 얼개로 사실성과 박진감을 지니게 한 것이다. 이 이야기는 전하는 사람에 따라, 그것으로 인해 죽은 운전기사는 그 뒤 양가에서 의논하여 망령의 여주인공과 영혼결혼을 시켰다는 대단원의 꼬리가 붙기도 했다.

그러나 아무리 그럴듯한 구성과 박진감을 지녔다 하더라도 이 이야기가 허구에 불과하다는 사실은 명백하다. 과학문명의 상식으로 이 세상에 유령은 존재할 수 없는 것이기 때문이다. 이렇게 단정해 버리면 아무렇지도 않는 법이지만, 그래도 TV나 영화 같은 데서 유령이 나타나는 장면을 보면 노상 마음이 섬뜩해지게 마련이다. 아무튼 유령이란 공포심을 자아내는 존재인 것이다. 그런데 예부터 우리 인간이 짐짓 실재하는 것처럼 가상하는 존재인 유령이 멀쩡한 사람을 죽음에 이르도록 할 만큼 공포의 대상이 되는 까닭은 무엇일까?

그 첫째의 이유는 실재하지 않는(실재할 수 없는) 것의 존재에 대한 공포일 것이다. 죽어 없어진 사람이 살아 있듯 눈앞에 현현하는 것은 상식의 의표를 찌르는 일이므로 송연한 노릇이 아닐 수 없다. 상식은 인간의 정신적인 평정을 지탱하는 굄돌과 같은 것이다. 이 굄돌이 허물어지고 정신의 평정상태가 흔들릴 때 우리는 무가내하 공포심을 갖게 마련이다.

둘째로 유령이 무서운 것은 죽음 그 자체에 대한 공포심리인 것이다. 어쩌면 유령의 창출은 우리 인간이 갖고 있는 죽음의 공포에 대한 잠재의식이 변형되어 나타난 상형물일지도 모른다. 망자의 영혼이 현신한 것이 유령이므로 거기에는 항상 죽음의 냄새가 풍기게 마련이다. 공포의 근본을 천착해 보면 그것은 바로 죽음에 대한 본능적인 거부반응에 불과함을 알 수가 있다. 그런데 이 무시무시한 유령은 우리나라의 경우 으레 여자, 그것도 묘령의 여인이 모델이 된다(서양의 경우는 '드라큘라'나 '햄릿'에 나오는 선왕의 망령과 같이 남자의 유령이 많지만). 밀양 지방의 아랑婀娘 전설에서 보듯 한을 품고 죽은 미인의 원혼이 유령으로 나타난다는 수순인 것이다. 그러니까 미를 데포르메하여 형상된 것이 유령인 셈이다. 미인과 유령, 이 왕청된 이미지의 연결은 괴기와 공포의 존재가 곧 미의 데포르메 현상에 불과하다는 창조의 신비를 시사해 주는 매우 기발한 발상이기도 하다. 그만큼 우리의 유령은 서양에 비해 보다 예술적인 창조물이라고 할 만하다.

그래서 유령을 그리워하다 상사병으로 죽은 사나이가 있다. 내가 어렸을 때의 이웃집 청년인데, 그는 유학차 일본에 건너갔다가 불치의 병을 얻고 집에 돌아와 몸져누워 있었다. 나도는 소문에 의하면 그의 병은 일본에서 처녀 귀신에 씌어 생긴 상사병이라고 했다. 어느 함박눈이 내리는 이른 아침, 그는 인적이 드문 뒷길을 눈을 맞으며 걷고 있었다. 지척을 못 가릴 만큼 자욱하게 내리는 눈 속인데, 문득 그의 앞을 막아서는 그림자가 있어 멈추어 섰다. 그림자의 주인은 우산을 받쳐든

웬 낯선 여인이었다. 검은 숄을 머리까지 깊숙이 덮어쓴 얼굴이 눈처럼 희고 맑은 묘령의 여인이었다. 여인은 잠시 그에게 우산을 받쳐주고 "에그머니나, 이 많은 눈을 그냥 맞고 걸으시다니." 하고 그의 어깨에 쌓인 눈을 손으로 털어주고는 빨려들 듯한 눈매에 보일 듯 말 듯한 미소를 남기고서 지나가 버렸다는 것이다. 그런데 이상한 일은 그가 이내 뒤돌아보았을 때 여인의 그림자는 가뭇 없어졌고, 응당 눈길 위에 남아 있어야 할 발자국조차도 찾아볼 수 없었다는 것이다. 그로부터 그는 날만 밝으면 이른 아침부터 그 길모퉁이를 서성이며 여인과의 재회를 안타깝게 꿈꾸었고, 시름시름 정체 모를 속병까지 앓는 몸이 되었다는 이야기이다. 이것은 때마침 택시를 잡아탄 소복의 여인 유령이야기가 떠돌던 무렵, 몸져누운 그 청년의 집에서 영일없이 울리는 살풀이 징소리에 묻어서 나돌던 이야기이다.

나는 지금 한적한 산촌에서 함박눈이 내리는 창밖을 내다보며 이 글을 쓰고 있다. 그리고는 만약 이 눈 속을 내가 어릴 때 짝사랑하던 소녀의 망령이 찾아온다면 나는 어떤 심정으로 맞게 될까 하는 생각을 하는 것이다.

(1992)

마담뚜

'마담뚜'라는 것이 있다. '마담'은 불어의 부인이고 '뚜'는 우리말 뚜쟁이의 준말이니 '뚜쟁이 부인'이란 뜻이 되겠다. 물론 근래에 와서 생긴 속어인데 사전을 펴 보니 '특수층·부유층을 상대로 하는 직업적인 여자 중매인'이라고 나와 있다. '중신어미'라는 고유의 낱말이 있는데도 구태여 이런 희한야릇한 새 조어造語가 생긴 것은 보통의 중신어미와는 달라 특수층·부유층만을 상대로 하는 고급 중매인이기 때문인 듯하다. 그런데 '마담'은 그렇다 하고, 이 고급 중매인에게 뚜쟁이의 '뚜'자가 왜 붙은 것일까? 뚜쟁이는 혼인 아닌 남녀 간의 야합을 중매하는 사람의 천칭이니 망나니나 백정과 마찬가지로 고급과는 애시부터 거리가 먼 직업인 것이다. 그러면 그들이 중매하는 특수층·부유층의 혼인이 정당한 결혼이 아니고 야합이란 말인가? 이건 엄청난 망발이 아닐 수 없다.

그러나 '마담뚜'는 오늘의 우리 상류 사회에서 성업을 이루고 있는 특수 직종인의 호칭으로 통용될 뿐 아니라 국어사전에도 버젓이 올라 있는 것이다. 웬 까닭일까?

그것이 왜 '마담뚜'인가에 대한 내력은 잘 알 수 없지만, 내가 짐작하기로는 이런 것이 있다. 즉 경제성장이 한창이던 70년대에 비밀 요정이라는 것이 있었다. 이런저런 연고로 각계층에 발이 넓은 마담이 비밀스런 장소에 자리를 잡고 특수층·부유층만을 상대로 영업을 하는 무허가 요정이다. 여느 요정보다 향응비가 어림할 수 없을 만큼 비싼 이곳의 단골손님은 떼돈벌이를 하는 예비 재벌과 이들과 유착된 당대의 실력자들이다. 그들이 이 비밀 요정을 선호하는 까닭은 첫째, 남의 눈에 띄지 않는 이점도 있지만, 그보다는 특수 신분을 가진 색다른 미색을 향락하는 데 있었다. 그 색다른 미희는 (진부는 알 수 없지만) 명문 대학의 아르바이트 여대생, 연예계에서 스타를 꿈꾸는 신인 배우 등 보통 접대부보다 격이 높은(?) 신분의 미녀들이었다고 한다. 그러니까 돈의 위력을 마음껏 누리는 층의 색다른 행락욕과 그 돈을 필요로 하는 특수한 미인층의 비뚤어진 물욕이 은밀히 만나 야합을 이루는 곳이 비밀 요정인 셈이다. 이 야합을 주선하여 톡톡한 재미를 본 것이 비밀 요정의 마당발 마담인데, '마담뚜'는 이 고급(?) 뚜쟁이 마담의 구실에서 비롯된 명칭이 아닌가 하는 것이다.

그건 틀림없는 뚜쟁이인지라 '마담뚜'로 불러 어폐가 없는 것이지만, 어엿한 결혼 중매인을 두고 뚜쟁이 호칭을 하는 것은 당사자들이 펄쩍 뛰고도 남을 어불성설의 망발이 아니겠는가? 하고 의아쩍게 여기던 터인데, 어느 분이 피력하는 견해를 듣고 보니 아주 엉뚱한 망발만은 아니라는 생각이 들기도 한다.

이 양자 간에는 매우 유사한 점이 있다는 것이다. 첫째는 특수층·부유층만을 상대로 하는 중매 행위라는 점이다. 비밀 요정에 백수건달과 보통 매춘부가 발붙이지 못하듯, 마담뚜의 중매 수첩 속에는 보통 사람들의 이름이 낄 수 없는 것이다. 그런 중매는 아무리 해봤자 돈이 되지 않을 뿐더러 그들의 주된 고객인 특수층·부유층이 거들떠보지 않기 때문이다. 권력을 가진 자는 돈 있는 혼처를 구하고, 부유한 자는 권력자의 가문을 선호하는 법이다. 그래야만 금권金權이 제대로 합작하여 양가가 더불어 번창하는 것이다. 그리고 비록 시재는 권력이나 돈이 없는 집이라 하더라도 당자가 고등고시 합격자나 의사와 같은 장래가 촉망되는 엘리트족일 때는 장차의 예비권력과 예비부유층으로 마담뚜의 물색 대상이 된다. 이 택혼 취향은 전직 고위층의 자녀가 깔축없이 재벌 집의 사위와 며느리가 된 것을 대표적인 예로, 우리의 상류 사회에 미만한 일반적인 풍조이다.

그래서 특수층·부유층의 취향과 풍속을 발밭게 이용한 중매업의 발상법에 또한 양자의 공통점이 있다는 것이다. 보통의 행락으로는 성이 안 차는 특수층·부유층의 교오驕傲한 향락 취향을 타고 생긴 것이 비밀 요정이라면, 우리의 발밭은 마담뚜도 상류층의 공리적인 택혼 성향을 업고 한몫 보는 중매쟁이에 불과하다. 세계는 넓고 할 일은 많은 현대의 정보사회에서 발밭은 아이디어의 창출만이 돈을 버는 길이 되는 것이다.

그러나 이 고급 취향의 행락이나 혼인에 대한 중매 구실은 아무나가 할 수 있는 일이 아니다. 어떤 내력이나 연고를 통해 상류 사회를 내 집 드나들 듯하는 마당발과 그들이 원하면 처녀 불알도 구해 바치는 비상한 주변의 소유자라야 할 수 있는 노릇이다. 이런 폭넓은 활동 무대와 일을 치러내는 능력 면에서 양자의 마담은 매우 방불하다는 것이다.

문제는 왜 후자의 마담이 뚜쟁이냐는 것이다. 예부터 중매를 직업으로 하는 사람을 천시하는 경향은 있다. 그래서 '중매쟁이'라는 비칭이 생겼고, '중신아비', '중신어미'라는 말도 듣기 좋은 호칭은 아니다. 보통의 중매가 아닌 특수층·부유층을 상대로 하는 것이어서 간대로 '어미'라는 이름을 달기가 어색하다면 '중매부인'이나 '중신마담'쯤으로 대접해도 좋을 것을 구태여 볼썽사납게 '뚜'를 갖다 붙인 심보는 무엇일까? 필유곡절이 분명한데 알고 보면 별다른 곡절이 있는 것은 아니다.

마담뚜가 중신을 서는 특수층·부유층끼리의 혼인은 사랑과

신뢰를 바탕으로 하는 진정한 의미에서의 결혼으로는 치부할 수 없다는 것이다. 결혼을 빙자하여, 탐욕 무한한 권력과 돈이 그 특권을 확대 재생산擴大再生産하기 위해 결탁하는 야합에 불과하다는 것이다. 결혼의 신성함과 순수성을 무릅쓴 부도덕성이, 뚜쟁이의 중매로 어우러지는 불륜의 야합과 무엇이 다르겠느냐는 해설이다. 그리하여 마담뚜의 직업적 중매 행각과 결합하여 조성된 불순정 결혼 풍속은 마침내 우리 사회에 과대혼수過大婚需라는 전에 없던 폐풍을 자아, 얼마 전에도 아파트 한 채의 지참금이 적다고 아내와 장모를 개 패듯이 한 의사가 쇠고랑을 차는 희비극이 벌어지기도 했다.

'잘하면 술이 석 잔, 못하면 뺨이 석 대'가 고작이거늘 돈을 받고 중신을 선다는 것부터가 뚜쟁이적 발상이 아니겠는가 한다.

(1994)

똥개

인분을 잘 먹는 개를 똥개라고 한다. 그렇게 오래지 않은 옛적, 시골집에서는 아이들이 싸놓은 오물의 뒤치다꺼리용으로 똥개들을 길렀다. 뒤를 못 가리는 아이가 방바닥에 똥을 싸면 아기 엄마는 으레 "워리-." 하고 개를 부른다. 그러면 어느새 나타난 개가 성큼 방 안으로 들어와 그것을 게 눈 감추듯 하고 왕골자리 틈서리에 낀 것까지를 말끔하게 핥아서 치워 놓는 것이다.

그런데 요즘은 이 궁벽한 시골에서도 그 똥개를 찾아보기가 어렵다. 집집마다 키우는 개를 보면 견족사회에도 국제화의 바람이 분 것인지 포인터, 셰퍼드, 도사견 따위 외래종의 물이 섞인 튀기가 대종을 이루고 흔히 똥개라고 이르는 토종의 누렁이는 점차 찾아볼 수가 없게 된 것이다.

그 까닭을 알고 보니 도회 사람들이 즐겨 먹는 보신탕에 원인이 있는 성했다. 보신탕에는 토종의 누렁이가 맛으로나 약효에 있어 으뜸으로 꼽히는지라 그새 마구잡이로 잡아 씨가 마른 데다가, 요새는 개를 사가는 도부꾼이 근량으로 값을 치르는 바람에 시골에서도 덩치 큰 외래종의 사육이 선호되기 때문이다. 따라서 도회의 애식가들도 누렁이로 된 정품의 보신탕을 접식하기가 좀체 어려워지는 것이 의당한 실정이라 할밖에 없겠다. C시에 있는 식용견 판매시장을 둘러보았더니 미상불 토종의 누렁이는 한 마리도 눈에 띄지 않았다. 그 지천하던 똥개가 마침내 희귀종이 된 것이 분명했다.

희귀종으로 사라져 가는 것들에 대해서는 으레 천연기념물로 지정하여 보존을 꾀하는 법인데, 우리 정부나 학계에서도 똥개에 대해서만은 별로 관심이 없는 듯하다. 같은 토종이지만 진돗개는 진작부터 천연기념물로 어엿한 보호를 받고 있는데 누렁이는 똥개가 되어 그럴 가치가 없다는 것일까? 하긴 예부터 남을 깔보는 욕설이나 단작스런 위인 따위의 대명사로 흔히 빗대어 쓰일 만큼 똥개가 형편없는 존재이기도 하다.

그러나 이제는 그 지체가 사뭇 달라진 것이다. 보신탕 애호가의 견지에 의거하면 육중왕肉中王인 똥개, 즉 누렁이야말로 지귀至貴의 존재로 추앙받는 견종이 되었기 때문이다. 장안의 한다하는 보신탕집에서 셰퍼드를 삶아 내어 놓고 "이건 진짜 재래종 누렁이를 잡은 것이다." 하고 고객에게 생색을 내는 것이 사계에서 벌어지고 있는 요즘의 진풍경인 것이다. 그러니까 그 지체 높던 셰퍼드는 가짜에 불과하고 정통의 개는 똥개라는 얘기이다. 바꾸어 말하면 똥개는 어시호 귀족으로 지체가 바뀌었고, 셰퍼드가 천덕꾸러기 똥개의 주제 꼴로 전락한 셈이다.

그러나 똥을 먹을 줄 모르는 셰퍼드는 똥개가 될 수 없다. 그리고 또 토종의 누렁이가 똥개로 불리는 소이는 다른 개처럼 영악스럽지 못함으로써 생긴 천칭賤稱이므로, 천성이 영맹한 셰퍼드 따위가 같은 보신탕감으로 가마솥에 든다고 하여 똥개 구실이 될 수는 없는 일이다. 그러면 토종의 누렁이는 어떠한 내력으로 똥개가 된 것일까?

조상 적부터 가난한 한국의 농촌에서 태어났기 때문이다. 개라고 하여 나올 때부터 똥이나 먹고 살라는 법은 없다. 북의 김일성이 연두사 때마다 뇌까리는 문자가 아니더라도 쌀밥에다 고깃국을 먹는 생활이 소망인 것은 그들 또한 마찬가지인 것이다. 그러나 해마다 겪는 보릿고개가 되면 사흘에 피죽 한 그릇조차 천신하기 어려운 농가의 형편으로는 그들에게까지 곡기를 먹일 나위가 없었다. 이런 터수에서 그들이 먹고 살아갈 일용할 양식이란 곡기를 소화한 배설물밖에 없지 않은가. 그것도 어른의 것은 요긴한 거름으로 깔축없이 측간에 소장되고, 핏기없는 아이들이 아무렇게나 싸놓은 멀건 놈을 얻어먹기가 고작인 것이 그들의 유일한 요기의 길일 수밖에. 사람도

굶주림이 극에 이르면 평상 때는 엄두조차 못하던 것을 먹을거리로 삼거늘 황차 세퍼드가 그 옛날의 한국 농촌에 태어났던들 분식종糞食種의 신세를 면할 길은 없었을 터이다.

그러면 왜 셰퍼드처럼 영악하지가 못한가? 사람이 키우는 가축 중에서 개가 이루어내는 구실은 도둑으로부터 집을 지키는 일이다. 그러므로 개가 지니는 생래의 자질은 우선 주인과 도둑을 분간할 줄 알고, 그것이 주인일 때는 절대 순종과 충성을 다하는 영리함과 반면에 도둑에 대하여는(주인 아닌 다른 사람은 일단 도둑으로 간주하는 오활의 폐단은 있지만) 이를 맹공하여 거문불납拒門不納 하는 용맹성을 갖추는 법이다. 그런데 우리의 똥개 누렁이에게는 그런 자질이 전혀 없다. 주인을 보고도 별로 반기는 기색이 없을 뿐 아니라, 낯선 사람이 집에 들어와도 오불관언인 것이다. 그런 것에는 아랑곳하지 않고 진종일 토방에 쭈그리고 앉아 낮잠을 즐기다가 이따금 목을 빼어 들고 방 안에서 뒹구는 아이의 엉덩짝을 지켜볼 뿐이다. 그도 그럴 것이 주인이래야 허구한 날 먹이 한 번 손수 주는 일 없으니 알찐거려 보았자 별 볼일 없는 일이고, 씻은 듯이 가난한 농가에는 만고에 도둑이 들지 않는지라 누가 집에 드나들든 상관할 바가 아니기 때문이다. 오직 그가 반기고 지킬 대상은 미구에 대망의 향응을 베풀어줄 아이의 항문밖에는 없지 않은가. 환경은 생태계에 변화를 가져오게 하는 법이거늘 셰퍼드인들 이 지경이면 어떻게 그 천부의 영악성을 보존할 수 있었겠는가?

그러면 아무짝에도 쓸모없는 똥개는 무엇 때문에 키우는 것인가? 복날에 벌어질 향연을 위해서이다. 복날은 개장국으로 하여 가난한 시골 사람들이 육미를 접하는 유일한 기회이다. 개 한 마리를 잡아 온 마을 사람들이 모여서 나누어 먹고, 한 해 동안 허기와 고된 농사일에 찌들린 몸을 소복시키는 날인 것이다. 그리하여 개장국을 이름하여 보신탕이라 한다. 이런 내력으로 우리의 귀중한 민속음식이 된 개장국은 아무 개를 잡아 만든다고 하여 보신탕이 되는 것은 아니다. 시골에서 자란 누렁이 똥개라야 제 맛이 나고 보신도 되는 것이다. 그런데 시체에 와서는 이것이 설렁탕·곰탕을 빰칠 만큼 흔한 대중음식이 되어 경향의 도처에 늘어선 보신탕집에는 비철인 겨울에도 성황을 이룬다. 보신이라면 지렁이도 잡아먹는 식성이 빚어낸 현상이다. 이 북새통에 시골의 누렁이는 씨가 마르고 똥개를 대신하는 가짜 개들이 보신탕 구실을 하는 판국이 되었다. 그리하여 그 영악한 셰퍼드나 포인터는 보신탕 감을 물색하는 개 도둑으로부터 마침내 자신의 생명조차 방어하지 못하고 잡혀와서 가마솥에 들어가는 신세가 되고 만 것이다.

그런데 지금은 시골에서도 인분을 먹는 개를 볼 수가 없다. 간혹 길가에 방기된 걸찍한 무더기가 있어도 거들떠보지 않는다. 경제 성장의 여택으로 끼니 때마다 잔반殘飯을 포식하고 때로는 고깃국까지 얻어먹는 터수인지라 똥 같은 것을 입에 다실 필요가 없게 된 것이다. 따라서 시골의 인심도 영악한 도회의 바람만 불어와 점차 옛날 같지만은 않게 되었다. 행길에 발걸음 소리만 나도 온 마을을 들어 극성을 피울 만큼 개들도 본래의 방어 기능을 되찾게 된 것이다.

착하고 순하기만 하던 우리의 똥개는 순후한 시골 풍정과 함께 영영 이 땅에서 자취를 감출 것인가? 하릴없으면서도 생각하면 적이 서글픈 일이기도 하다.

(1994)

개를 키우며

지난번 서울에 다니러 나갔을 때, 어떤 분이 “그 후미진 시골에서 무슨 재미로 사느냐.”기에 언뜻 “개 키우는 재미로 산다.”라고 대답해 놓고 서로 마주 웃은 일이 있다. 말을 해놓고 생각하니 노상 실없는 말 같지만은 않았다. 외딴 산골에서 조석으로 단둘이 마주보다시피 하며 살고 있는 우리 내외에게 집에서 키우는 진돗개 세 마리의 존재가 생활의 추임새 구실을 하고 있는 것만은 사실이기 때문이다.

나의 일과는 이들을 몰고 거느리며 하는 아침 산책으로부터 시작된다. 산책이라고 했지만 실은 하루 한 번씩 치러야 하는 녀석들의 아침운동과 용변의 시중들기 절차를 겸한 것인 만큼 그들의 존재는 바깥 나들이의 허전한 공간을 메워주는 안성맞춤의 동반자가 되는 셈이다. 산책은 혼자서 걷는 오롯한 맛이

제격이라 하지만, 가뜩이나 호젓한 산골에서 혼자 하는 산책은 마냥 처량하고 을씨년스럽기만 한 것이다. 현대는 한인의 나들이일수록 명분의 동반이 필요한 법이기도 하다.

또한 말수가 적은 우리 내외의 일상에 심심찮게 화젯거리를 제공하는 것도 이들의 행태이다. "호돌이란 놈이 어제 저녁밥도 먹지 않았는데, 단식 투쟁을 벌이는 모양이야." "요구 조건이 뭐랍디까?" "나를 이렇게 매달아 놓을 수 있느냐, 자유 아니면 죽음을 달라는군." "건방진 놈, 제가 저지른 죄는 잊었대요? 뭐 동김치 가져오라는 소리는 않습디까?" 이를테면 며칠 전 이웃집 닭 십여 마리를 한꺼번에 물어 죽인 소동 때문에 하릴없이 개집에 매달려 있는 놈을 두고 오간 객담이 이러하다. 산책에서 돌아와, 수놈은 직립성 목표물에 대고 서서 오줌을 방사하는데, 암컷은 땅바닥에 엉거주춤 쭈그리고 누는 꼴이 꼭 사람의 그것과 같더라는 나의 관찰담에 대해 "호오, 뉴턴의 사과만큼 위대한 발견을 하셨군요. 그걸로 학술논문을 하나 쓰시지요." 하고 아내의 야유가 되돌아오는 따위가 그러하다. 텃밭 일을 하고 있으면 일이 끝날 때까지 저만치 떨어져 앉아 지켜보고 있는 것이 여간 대견스럽지 않은데, 이따금 슬그머니 다가와서는 잔등이를 툭 건드리기도 하고 코앞에 바투 주둥이를 디밀며 관심을 촉구하는 놈을 귀찮다고 내치면, 옆에 놓아둔 호미를 물고 달아나는 것이 꼭 개구쟁이 아이가 하는 짓거리라고 기특히 여기는 것은 아내 몫의 이야깃거리가 된다. 이렇게 개들의 하는 짓 노는 꼴이 아내는 아내대로 나는 내 나름의 관찰에 의해 식탁 위의 화제로 오르는데, 거기에는 언제나 그들에 대한 살가운 정이 얼마큼의 과장과 풍유로 채색되게 마련이다.

그래서 무엇보다도 이들의 존재가 생활의 추임새로 소중한 것은 그들에게서 느끼는 친솔과 같은 애정이 아닌가 한다. 그것은 흡사 품속에서 철없이 자라는 피붙이에 대한 감정과도 방불하다. 도망가려는 놈을 자배기 속에 붙들어 놓고 시종 달래가면서 목욕을 시키는 아내의 거동은 갈데없이 아기를 다루는 엄마의 모습 그대로이다. 바깥나들이에서 돌아올 때면 일껏 그들이 좋아하는 호빵을 잊지 않고 사오게 되는 것은, 걷잡을 수 없이 뛰어오르며 반기는 녀석들에게 그것을 하나씩 물려주는 흐뭇한 시혜의 기쁨 때문이다. 오랜만에 내외가 동반하여 하는 타방 나들이에서 기어이 자고 가라며 붙드는 친지들의 정을 뿌리치고 고달픈 밤길을 돌아오는 것도 오로지 그들의 안부가 궁금해서이다. 집에 도착하면, 대문 여는 소리에 낌새를 차린 줄에 매인 놈이 외마디소리를 내지르며 날뛰기 시작하고, 어느새 달려나온 놓여 있는 놈들이 아내와 나 사이를 번갈아 오가며 극성맞게 뛰어오르는 것이 꼭 집에서 애타게 기다리던 아이들의 하는 시늉 그대로이다. 이처럼 반겨주는 녀석들이 없었던들 우리 내외의 귀가는 얼마나 쓸쓸하고 무미한 것이겠는가를 생각하면 그들이 한갓 집에서 키우는 짐승만으로는 느껴지지 않는 것이다. 따라서 그들에 대한 애칭도 저절로 의인화될밖에 없다. 따로따로 지칭할 때 '진돌이란 놈' '순진이란 년'이고 싸잡아 이를 때는 '이놈들'이거나 '애들'이 된다.

그런데 이 '애들'의 갈무리가 여간 따분한 문젯거리가 아니다. 즉 집에 매어 놓고 먹이느냐 자유롭게 놓아 키우느냐의 문제이다. 인간에게 가장 소중한 것이 무엇이냐고 한다면 거의 누구나가 '자유'라고 할 것이다. 모든 나라의 헌법이 국민의 기본 권리를 자유권으로 삼는 소이이다. 자유는 생명이 창조되면서부터 마련된 불가분의 속성이자 섭리이기 때문이다. 대우주의 눈으로 본다면 축생이라고 하여 이 원리에서 제외될 까닭은 없다. 일시 동인一視同仁이라는 말도 있지 않은가. 하물며 내가 친솔처럼 거두는 개들에 있어서랴이다. 그래서 내가 손수 돌보기 전부터 성질이 사나워 줄곧 매어 놓고 키워온 진돌이는 어쩔 수 없다 하더라도 강아지 적부터 키우는 놈은 자유방임주의를 택하기로 했다. 꽤 넓은 울타리 안을 내키는 대로 돌아다니게 하여 집도 넉넉히 지키고 들쥐들의 발호도 잠재우는 부수적인 효과까지를 겨냥한 궁리이기도 한 것이다.

그러나 무슨 일에든 시행착오라는 것이 있게 마련이다. 자유에 대한 이들의 방만한 의지는 결코 주인이 의도한 궁리의 울타리 속에 안주하지 않는 것이다. 아무리 울타리를 단속하여도 그들 나름의 나들이 구멍을 만들어 바깥으로 나돌기가 일쑤이다. 그 바람에 이따금 거쳐 가는 개 도둑의 손을 탐으로써 기르던 정에 애틋한 흠집을 남긴 일이 한두 번이 아니다. 그러나 이런 불행은 그들이 누린 자유의 대가로 치부할 수도 있다. 죽음과도 바꿀 수 있는 것이 자유가 아니던가. 그러므로 개 도둑의 손으로부터 보호한다는 명분만으로 천부의 자유를 박탈하는 것은 오로지 개주인의 이기적인 독선에 불과할 터이다. 하지만 그 자유가 다른 가치와 충돌하였을 때 문제가 되는 것은 인간 세계에서도 흔히 있는 일이다.

예닐곱 가구의 이곳 마을 집에서는 거의 모두가 관광객을 상대로 시골 풍미의 음식들을 만들어 팔고 있는데, 그 중에서 주종을 이루는 것이 도회 사람들이 즐겨 찾는 토종닭이다. 양계장 닭에 식상한 대처의 관광객들은 시골에만 있다는 토종닭을 곧잘 찾는데, 그 기호에 편승한 메뉴인 것이다. 그러나 토종닭이라고 하여 별것은 아니다. 털빛의 태깔이 곱고 육질이 옹골진 재래의 토종닭은 시골에서도 희귀종이 된 지가 오래이다. 더군다나 전국 도처에 있는 관광지 음식점에서 간판으로 내걸고 손님상에 올릴 만큼 흔한 품종은 아닌 것이다. 그저 흔한 종류의 육계이로되 시골에서 기르니까 토종닭일 따름인데, 그것이 도시인들의 향수어린 식탁에 올랐을 때 토종닭으로 행세할 뿐인 것이다. 그래서 이 사이비 토종닭은 대개가 장삿집의 넓은 뜨락에 놓아서 먹인다. 그래야만 좁은 틀에 가두어 기계적으로 키우는 양계장 닭과 분간되는 상품의 전시 효과가 있을뿐더러 육질에 탄력이 붙어 맛도 한결 방불해지기 때문이다.

이 장삿집 닭이, 밖에 나돌던 놈의 사냥감으로 가끔 교살咬殺됨으로써 주인의 입장을 낭패하게 만드는 것이다.

처음 한두 마리의 희생으로 그쳤을 때는 문제가 별로 심각하지는 않았다. 정중한 사과와 함께 닭값을 변상하겠다는 제의에 대해, 어차피 잡아서 팔 물건인데 개가 수고를 대신한 셈이 아니냐고 웃으면서 물리치는 것이 시골 이웃의 인심이기 때문이다. 그런데 끝내 호돌이란 놈이 그 선린의 한계를 넘어서는 엄청난 일을 저지르고 만 것이다. 미명에 닭장까지 쳐들어가서 한꺼번에 열여덟 마리의 닭을 물어 죽인 것이다. 급보를 받고 다녀온 아내의 얼굴엔 노기가 등등했다. 개 때문에 이웃에 기를 못 펴겠다는 푸념 정도로 끝나던 여느 때와는 사뭇 기색이 달랐다. 닭장 안팎으로 피투성이가 된 닭의 시체가 낭자하게 널브러진 참혹한 현장을 목도하니 미안하다는 생각보다 녀석의 잔인한 행적에 분노가 치솟더라는 것이다.

"그놈이 닭장에는 어떻게 들어갔는가?"

"놓아 키우는 닭이니까 항상 문이 열려 있었대요."

그러니까 닭장은 닭이 제물로 나들면서 밤에 잠만 자는 보금자리에 불과하다. 비록 미구에 백숙이 되어 죽을망정 살아 있는 동안 그만한 자유가 주어진 닭은 행복할 것이다. 개를 노상 놓아 키우고부터 그런 행복을 보장할 수 없게 된 것이 안쓰러워 우리 집에서는 구색으로 키우던 닭을 진작에 없앤 터이기도 하다. 개나 닭이나 살아 있는 동안은 운신의 자유를 누릴 권리가 있는 것은 사람과 다를 바 없다. 그런데 이 평등의 원리는 언제나 어느 한쪽의 횡포에 의해 균형을 잃게 된다. 사나운 개와 힘없는 닭은 그들의 야성으로 하여 자유 앞에 공존할 수가 없는지라 집안의 평화를 위한 양자택일에서 개의 자유가 선택된 것이다.

그러나 이웃 장삿집 닭과의 경우에서는 그런 선택이 용납될 수가 없다. 왜 개를 매어 두지 않느냐는 항의에 유구무언일지언정, 개를 위해 닭을 가두어 먹이라고 할 수는 없는 일이다. 이해가 상반하는 권익은 언제나 피해 대상의 보호가 우선하는 법이기 때문이다. 그보다도 거역할 수 없는 명분은 개를 놓아기르는 것이 비생산적인 사치인 데 반하여, 닭을 거두는 일은 생업의 실질적인 수단이라는 데에 있을 것이다.

별수 없이 쇠줄에 매달리게 된 호돌이의 애끊는 울부짖음 소리를 들으면서, 나는 개를 키우는 의미 자체에 회의를 느끼는 울가망한 나날을 보내고 있다.

(1996)

무명남無名男

서울 '허파'가 죽어간다

1999년

말동무

바보상자

가면假面

맛담배

안경알을 닦으며

무명남無名男

"삭풍朔風은 나무 끝에 불고 명월은 눈 속에 찬데…."

이것은 북방 육진六鎭의 개척에 큰 공을 세운 조선 초기의 충신 김종서金宗瑞가 읊은 유명한 시조의 첫 대문이다. 우리 북쪽 변방의 겨울 밤 풍경이 스산하게 가슴에 와 닿는 구절이다.

삭풍은 겨울철 북쪽에서 불어오는 매서운 바람이다. 가뜩이나 추운 겨울에 북풍이 몰아치면 한층 매서워진 체감온도는 가슴속까지 얼어붙게 만든다. 그러나 김종서가 가슴으로 느낀 삭풍은 한갓 나무 끝에 부는 찬바람이 아닐 터이다. 변경의 북녘에서 호시탐탐 침노의 기회만을 엿보는 오랑캐의 위협이 북방을 지켜보는 그의 가슴에 언제나 삭풍처럼 매서웠을 것이다.

지금 우리나라 높은 곳에서는 '북풍공작'이라는 전대미문의 해괴망측한 사건으로 뒤죽박죽의 난장이 벌어지고 있다. '북풍'은 물론 북쪽에서 불어오는 찬바람인데, 그 기압골의 중심이 북변 저쪽의 오랑캐 땅이 아니라 분단 조국의 북쪽에 도사리는 불안정 세력에 연원하는 데서 우리 민족의 불행과 비극을 머금고 있는 딱하고도 고약한 바람이다. 6·25의 참변을 겪고, '서울을 불바다로 만들겠다.'는 협박에 주눅이 들어 있는 남쪽 백성들에게 '북풍'은 그 조짐만 엿보여도 가슴이 서늘한 가공한 바람이기도 하다.

이 '북풍'을 지난 대선大選에 즈음하여 정치하는 사람들이 마치 제갈량諸葛亮이 술수를 써서 동짓달에 동남풍을 부르듯 조작하였다는 얘기이다. ≪삼국지≫의 한 대목을 방불케 하는 사연의 속내는 우리네 어진 백성들의 궁리로는 헤아릴 바 못됨으로 치지물문置之勿問할밖에는 없는 일이지만, 이 기상천외의 미스터리를 사정 당국이 풀어 가는 도상에서 빚어진 뜻밖의 해프닝 하나가 호사가의 눈길을 당기는 것이다.

사건 배후의 큰손으로 지목된 거물급 인사가 검찰에서 조사를 받다가 느닷없이 칼로 배를 가르는 소동을 벌인 것이다.

일을 벌인 당사자가 시정의 잡배도 아닌, 그것도 국민적 관심거리가 되고 있는 중대 사건의 열쇠를 쥐었다는 매우 지체 높은 인물인 만큼 세상은 또 한 번 깜짝 놀랄 수밖에 없다. 필유곡절必有曲折인데, 정작 죽으려고 한 노릇인가? 아니면 짐짓 시늉으로 해본 것인가? 이러쿵저러쿵 설왕설래가 자자했지만, 이 또한 우리네 순진한 백성들의 짐작으로는 촌탁할 바

못 됨으로 불가지不可知의 미스터리로 치부할밖에는 없는 일이다.

실없는 호사가가 눈독을 들인 대목은 이런 줄거리의 미스터리에 있는 것이 아니다. 뒤죽박죽으로 전개되는 이야기의 어간에 잠시 비어진 가십 기사 한 대목이 종잡을 수 없는 사건의 성격을 시사해 주는 뜻앓은 새타이어로 글감을 물색하는 실업쟁이 문사의 더듬이에 걸려든 것이다. 배를 가르다 출혈이 낭자한 저명인사는 극비리에 병원으로 옮겨졌다. 당연한 절차로 병원 측은 미명에 실려 온 응급환자의 이름이 뭐냐고 호송 책임자에게 물었을 것이다. 돈 많고 지체 높은 죄인을 영어의 몸에서 슬그머니 놓아 주는 수순으로 사정 당국이 병원이라는 완충 기관을 이용하는 편법은 가끔 쓰는 일이지만, 이번 경우는 사뭇 사정이 다르다. 이 아닌 밤중의 돌발 사태가 세상에 잘못 알려지는 날이면 검찰이 덤터기를 써야 할 판이므로 당장은 환자의 정체를 사람들의 눈, 특히 보도진의 추적으로부터 따돌릴 필요가 있다. 궁리 끝에 우선 '무명남無名男'으로 처리하자는 데 의논이 낙착되었다.

그리하여 이름을 알 수 없는 행려병자行旅病者나 사망자에게 붙는 병원식 호칭인 '무명남'이라는 이름표가 거물급 환자가 든 병실의 문짝에 나붙었다. '무명남'을 문자 그대로 풀이한다면 "이름 없는 사나이"가 된다. 세상에 태어나면서부터 이름이 주어지지 않은 남자라는 뜻이다. 하지만 이것은 있을 수 없는 일이다. 집에서 기르는 강아지에게도 이름을 지어 부르거늘, 어찌 사람의 아들에게 이름이 없을 수 있겠는가. 그래서 사전을 들추어 보니 '무명남'이란 낱말은 없고 '무명인'이 있는데 '이름 모를 사람'이다. 그러면 그렇지. 우리는 흔히 "이름 모를 풀꽃"이라는 편리한 표현을 곧잘 쓰지만, 아무리 보잘것없는 풀도 식물도감을 찾아보면 하다못해 '며느리밑씻개' 따위로 제 나름의 이름이 있는 법이다. 뿐만 아니라 '무명인'은 "세상에 이름이 알려지지 않은 사람"이라는 뜻으로도 쓰이는 것이니, '무명 시인'이나 '무명 가수'가 시재의 처지는 처량할망정 언젠가는 한번 떨쳐보리라 하고 나름대로 거느리는 고유의 이름이 없는 것은 아니다.

그러니까 '무명남'은 이름이 없는 것이 아니고 "이름 모를 사나이" 또는 "세상에 이름이 알려지지 않은 사나이"이다. 하지만 지금 '무명남'의 문패를 달고 특등 병실에 누워 있는 할복지사割腹之士에게는 그 어느 쪽의 개념으로도 천부당만부당한 호칭이다. 얼마 전까지만 하여도 아무개라고 하면 그 권세가 산천초목에 이르기까지 떨친 큰 이름이 아닌가. 빈사의 경황에서도 "나의 이름은 K아무개지, 무명남이 아니오!" 하고 분명히 항변한 것은 지극히 당연하고도 정명한 대거리가 아닐 수 없다.

그런데 이 빈사의 유명 인사가 처절한 항변으로 자신의 이름을 밝힌 심리적 동기는 나변에 있는 것일까? 이름은 한 인간의 생애에 그림자처럼 따라다니는 자기 존재의 표지물이다. '나'라는 존재와 더불어 평생 동안 고락을 같이하는 또 하나의 존재가 이름이라고 하는 무형의 동반자인 것이다. 그래서 사람의 명운을 점치는 데 관상이나 사주와 함께 이른바 성명 철학이 한 몫을 하는 소이이기도 하다. 그뿐만 아니라 한술을 더 떠 사람이 태어나서 죽을 때까지 어쩌면 수지부모受之父母한 신체발부보다 더 소중하게 여길 것이 이름일지도 모른다.

왜냐하면 몸은 죽어서 흙으로 사라지지만 그 자리에 세운 묘비에는 이름 석 자가 남는 것이기 때문이다. 공동묘지를 둘러보면 인생무상의 감회와 함께 쉬이 가슴에 와 닿는 이치이기도 하다. 그래서 이름을 위해 죽는 선비도 허다하다.

일찍이 "백골이 진토되고 넋이라도 있고 없"이 죽은 포은 정몽주圃隱 鄭夢周의 이름은 청사에 남아 상기도 빛을 내는 것이니, "호랑이는 죽어서 가죽을 남기고, 사람은 죽어서 이름을 남긴다."는 속담이 우연의 소산은 아닌 듯하다. 사람의 이름을 호랑이 가죽에 비긴 것은 몸보다는 이름이 값지다는 뜻일 터이다.

그렇다고 모든 이름이 값진 것은 아니다. 전화번호를 펴 보면 세상에 지천한 것이 사람의 이름이라는 느낌이 든다. 동명이인의 같은 이름도 마치 한 손에 얼마로 파는 어물전의 생선처럼 즐비하지 않는가. 개중에는 '정몽주'라는 이름도 꽤 많이 나온다. 이 숱한 이름들이 모두 호랑이 가죽이 될 수는 없다. 그 중 어찌어찌하여 세상에서 '이름을 얻는(유명한)' 이름만이 호랑이 가죽 구실을 하게 될 뿐이다.

그러나 이름은 실체의 존재가 거느리는 그림자에 불과하다. 실체가 투영하는 위상을 좇아 형상을 그려내는 것이 그림자이므로, 이름 그 자체가 호랑이 가죽처럼 값을 지니는 것이 아니고, 그것을 거느리는 인간의 됨됨이나 행적에서 그 이름값이 가늠될 따름이다.

따라서 이름이 소중하다는 말도 바로 그 사람의 몸가짐과 행지가 중요하다는 뜻에 다름 아닌 것이다. 이 뻔한 객설이 왜 뜬금없이 나오는가 하면, 하루아침에 무명남으로 치부된 저명인사가 절규로써 자신의 이름을 천명한 사건에 즈음하여 새삼스럽게 이름이 갖는 허虛와 실實이 무엇인가 하는 생각이 뜬금없이 떠올랐기 때문이다. "나의 이름은 아무개요!" 하는 피맺힌 절규에서 무상한 인생을 사는 한 약한 인간의 신음 소리를 느꼈기 때문이다.

그러나 그림자는 조명이 있어야 비로소 형상을 드러낸다. 마찬가지로 사람의 이름도 그것을 비쳐 주는 빛을 받아야 제 구실을 할 수가 있다. 처음 만나는 사람이 불쑥 이름 석 자만을 디민 수인사는 참으로 무의미하다. 어떤 직분과 지위를 가진 아무개라는 사회적 신분의 조명이 곁들여야 이름의 존재가 살아난다. 정몽주의 이름이 절세의 충신으로 역사에 남은 것은 물론 그의 인품과 행장에 근거를 둔 것이지만, 만약 그가 명색이 없는 일개 천민이었다면 선죽교에서 흘린 피가 별다른 의미를 갖지 못했을 것이다. 무릇 권력 지향적인 가치관이 지배하는 사회나 그 권력의 영고성쇠가 엮어가는 역사의 표면에서 이름이 제값의 대접을 받는 데는 그에 상당한 지체의 후광이 있어야 하는 것은 어쩔 수 없는 물정의 마련이라 하겠다.

스스로 배를 가르고 병원에 실려 온 K아무개 씨의 이름도 한때는 휘황한 권력의 후광을 입고 입신양명의 보람을 누린 이름이다. 그러나 정권이 바뀌면서 그 빛은 걷혀 가고, 지금은 '북풍조작범'의 오명을 쓰고 그림자조차 있고 없는 어두운 감방에서 심판을 기다리는 죄인의 신세가 된 것이다. 만리변성萬里邊城에 일장검을 짚고 서서 의연히 북풍을 가로막은 왕년의 변방 관찰사 김종서가 세조정변의 억울한 희생물이 된 사연과는 사뭇 정상이 유별한 것 같다. 인생유전流轉과 권력무상의 한이 오죽하랴만, 차라리 '무명남'의 운명에 조용히 순응한 것이 자신의 이름을 위해서도 한결 떳떳한 길이 아니었을까.

(1998)

서울 '허파'가 죽어간다

"사람이 숨만 부지런히 쉬면 죽지 않는다."는 말이 있다. 숨을 쉬지 못하면 죽는다는 이치를 뒤집어서 하는 우스갯소리이다. 숨은 생명체가 생존을 유지하는 기본조건이다. 우리말에서 죽음을 두고 '숨지다', '숨을 거두다.' 하는 따위의 매우 완곡하면서도 과학적인 표현법이 생긴 소이이기도 하다. 인체에서 그 숨 쉬는 구실을 하는 요진통의 장기가 허파이다.

천만의 인구가 숨 쉬는 서울의 허파는 도시를 에워싸고 있는 천혜의 산들이다. 수려한 산경이 우선 시각적으로 숨통을 트이게 하고, 알뜰한 산림이 혼탁한 도회의 공간에 신선한 공기를 공급해 준다. 휴일에는 당일치기로 교외의 나들이나 등산도 즐길 수 있다. 그래서 한국에 처음 오는 외국 사람들은 누구나가 이 희유의 자연 환경을 거느린 수도 서울에 대해 선망과 경탄의 '원더풀'을 연발한다고 한다.

그런데 그 서울의 허파가 죽어간다고 한다. 어느 환경 단체가 지난 한 해 동안 서울의 그린벨트 지역을 실사한 결과 토양의 오염실태가 무척 심각하다는 것이다. 그 심각성을 여러 가지 수치로 나타낸 것을 보니 폐병으로 치면 3기쯤의 증상이 아닌가 싶다. 폐병이 3기면 다음 단계의 증세는 사기死期에 이르게 마련이다. 서울이 숨 쉬고 있는 허파가 오염물질의 균에 침윤되어 바야흐로 죽음을 앞둔 3기의 병을 앓고 있다는 진단이 내린 것이다.

청천벽력 같은 소식이지만, 결코 새삼스러운 이야기는 아니다. 공기 중의 이산화탄소 함유량이 세계 기준치의 몇 배가 되고, 대기 오염으로 오존층의 두께가 얼마 만큼 엷어졌다고 하는가 하면, 지하수에서 중금속과 방사능이 대량으로 검출되고, 쓰레기 태우는 데서 다이옥신이 왕창 뿜어나왔다느니 하는 따위 우리의 생존 여건을 옥죄는 환경 실태의 분석 결과가 거의 귀에 못을 박듯이 경종을 울려 놓고 있는 터이다. 그것을 우리가 그저 귓결을 스치는 바람인 양 흘려듣고 있을 뿐인 것이다. 이것이 죽어가는 환경 그것보다도 더 무서운 현실이다. 어느새 현대는 우리 인간의 의식까지를 공해에 찌들게 만들어 놓은 것이다.

겁화로 멸망한 소돔과 고모라에 관한 성서의 고사가 생각난다. 환락과 죄악으로 여호와 신의 노여움을 산 소돔과 고모라의 시민들은 의인 롯의 간곡한 타이름도 듣지 않고 그들을 불로 다스리기 위해 나타난 천사까지를 겁탈하려 들 만큼 죄를 거듭한다. 환락과 죄악의 타성에 마비된 그들의 의식은 마침내 신의 뜻을 깨우치지 못한 채 도시가 겁화를 맞는 총체적인 멸망을 자초하고 만다.

이 창세기의 끔찍한 사건을 오늘날의 공해 문제에 대입시켜 새기는 것은 좀 가혹한 생각 같지만, 음미해 보면 시사하는 바가 적지 않을 듯하다. 우선 우리 시민들의 생활 습속에 미만한 물질지상주의와 향락 풍조가 죄 많은 소돔과 고모라 시민들의 그것을 방불케 한다고 볼 일이다. 그것으로 인한 환경 파괴는 신의 분노를 일깨우는 죄악과도 같다. 공해에 대한 무관심은 타성에 젖어 무뎌진 그들의 죄의식에 비할 만하고, 환경 실태의 심각함을 알리는 경고의 목소리는 의인의 애절한 타이름처럼 제 구실을 못하고 있다. 그리하여 겁화를 예비한 천사를 겁탈하듯 자연 환경을 짓밟는데 뉘우칠 줄을 모르는 것이 오늘에 사는 우리 시민들의 생태가 아니겠는가 한다.

물론 이것은 우리의 수도 서울만을 두고 하는 얘기가 아니다. 인류 전체의 존망이 걸린 지구의 형편이 통틀어 그 지경인 것이다. 근년에 와서 세계의 기상은 걷잡을 수 없는 이변을 낳고 있다. 시도 때도 없는 태풍이 해안의 도시들을 쑥밭으로 만들고, 가뭄과 호우가 뒤죽박죽으로 엄습하여 사람들의 먹이 생산을 바이없게 하고 있다. 지구의 허파 구실을 하는 아마존

유역의 삼림들이 황폐해 가고, 파푸아뉴기니의 원시림을 태우는 불길은 꺼질 줄을 모른다. 서식처를 잃은 야생 동물들이 차례로 멸종해 가고, 강과 바다에서는 물고기들이 떼죽음을 하고 있다. 가히 지구의 종말을 예고하는 듯하는 이변춘사가 도처에서 빚어지고 불거지지만 과학 문명의 혜택 속에 투안하는 현대인의 관심은 별로 대수롭지가 않은 것 같다.

또 걱정이나 관심을 가져 보았자 별수가 없는 판국인지라, 내일은 삼수갑산에 갈망정 오늘의 삶을 즐기고 본다는 배짱인지도 모른다. 그래도 지구는 돌아가고 있으니 다행이기는 하다.

하지만 그 지구 덩어리가 현대 문명이 자아내는 인재人災로 하여 멸망을 향한 운명의 궤도 위를 돌고 있다는 사실에 생각이 미치면 전율하지 않을 수 없다. 우리 인류의 유구한 역사는 바야흐로 권력 추구나 빈곤을 극복하는 투쟁의 시대를 넘어서서 모름지기 생존을 위한 공해 추방의 처절한 투쟁기에 접어든 것이라고 보아야 할 것 같다.

그건 그렇다 하고, 당장에 떨어진 발등의 불은 서울의 허파가 죽어간다는 사실에 있다. 따지고 보면 이것도 지구가 앓는 총체적인 돌림병의 한 자락 현상에 불과한 것이지만 슬픈 일이다. "봄비를 맞으면서 충무로 걸어갈 때……." 하고 부르던 노래는 50년 전에 유행한 가요 〈서울 야곡夜曲〉이다. 그러나 이제는 서울 사람들이 그런 낭만을 누릴 수가 없다. 부드러운 봄비 속에는 무서운 산성의 독이 묻어 있기 때문이다.

그런데도 새 정부에서는 서울 주변의 그린벨트를 대폭 줄일 궁리를 하고 있다니 무슨 속셈의 궁리인지 숫제 알다가도 모를 노릇이다.

(1998)

1999년

1999년이 저물어 간다. 한 해가 가고 또 새해를 맞는 것은 연례의 일인지라 새삼스러울 바가 없지만, 1999년의 세모는 여느 해와는 다른 의미를 띠고 시쳇 사람들의 심사에 갖가지의 상념을 자아내고 있는 듯하다. 한 세기를 마감하는 세밑이자 기나긴 밀레니엄의 연대가 막을 내리는 순간인 만큼 그럴 수밖에는 없다.

그래서 1999년은 새해 벽두부터 이천 년 만의 이벤트가 세인의 관심을 사로잡았다. 세계의 매스컴은 가는 20세기의 발자취와 함께 지난 천년의 역사 속에 뚜렷한 흔적을 남긴 인물이나 사건을 헤아리는 기사를 시리즈로 다루는가 하면, 이윽고 열리는 21세기와 새 천년의 미래를 점치는 일로 한 해의 지면을 장식했다. 그리하여 1999년은 이와 같은 과거와 미래가 교차하는 틈바구니에 끼여 그 실존적인 의미가 실종된 느낌이 없지 않다. 있었다면 9의 숫자가 즐비하게 겹치는 9월 9일을 길일로 잡아 결혼식이 러시를 이룬 현상이 고작인 성하다. 서양 놀음인 포커에서 같은 숫자의 카드 넉 장을 잡으면 대통한 끗발이 되는데, 그런 수열의 조화가 가져오는 행운에 장래를 위탁하고자 하는 소박한 발상에서 연유한 풍속이 아닌가 싶다.

그런데 십진법의 문화에 길들여진 사람들에게 9의 숫자는 심리적으로 묘한 이미지를 지닌다. 십진수의 마지막 자인지라 항상 종말 의식과 결부하여 불길한 예감을 자아내게 마련이다. 우리나라에서는 예부터 아홉(9) 수가 달린 나이의 해는 운수가 사납다는 속설이 있다.

'세불십년勢不十年, 화무십일홍花無十日紅' 하면 9년과 9일이 세가 다하는 마지막 고비가 되는 것이니 사람의 운세도 그 천리의 지배를 받게 마련이라는 사상일 것이다. 실상 999라는 숫자를 보면 올 데까지 다 왔다는 느낌이 들어 우선 시각적으로 숨이 탁 막힌다. 16세기의 서양 점성가占星家 노스트라다무스가 1999년을 말세라고 점친 것은 이런 강박 심리가 빚어낸 불길한 예감의 소산일 듯도 하다. 다행히도 그 예언은 기껏 5백 년 앞을 내다보지 못한 점성가의 졸속한 망발로 끝나는 것 같지만, 앞으로는 9999년이 지구의 종말이라고 장담할 보다 호흡이 넉넉한 예언자가 나옴 직도 한 일이다.

그러나 이런 답답하고 막힌 이미지와는 달리 9는 또 이별과 같은 마음에 뭔가 아쉬움을 남기는 애틋한 숫자이기도 하다. 열아홉 살, 그러니까 10대 소년기의 마지막 해가 저물던 그믐께의 어느 날, 마음이 몹시 허전하던 기억이 지금도 새롭다. 나의 인생이 영원히 돌아올 수 없는 꽃다웠던 10대와 작별한다는 아쉬움이 나의 심사를 하염없이 움켜쥐었던 것이다. 그만한 나이의 중년 신사가 "내 나이 스물아홉"이라고 눙치는 너스레는 술자리 같은 데서 흔히 보는 광경인데, 20대 젊음에 대한 향수가 어린 회포의 취중 고백에 다름 아닌 것이다. 미국에서도 2불($)에 해당하는 상품에는 으레 1불 99전의 가격표가 붙어 있게 마련이다. 고작 1전의 상관이지만, 1불대와 2불대를 가름하는 1전이 소비자에게 주는 심리적인 무게를 가늠한 상술일 터이다. 이렇게 9가 지니는 심리적인 위상은 제자리수의 아쉬움을 지키는 마지막 보루가 된다. 아무튼 9가 갖는 이미지는 그것이 종말을 의미하든 아쉬움을 남기든 비관적인 것일 수밖에 없다. 이 비관의 숫자가 덩어리를 지운 1999년 9월 9일 하고도 9시를 골라 미래의 행복을 기약하는 혼사 날로 삼는다는 것은 심히 모순된 풍속이라 할 만도 하다.

그러나 사고의 전환이란 항상 우리에게 참신한 경지를 열어주는 법이다. 9의 수가 절망과 비관의 표상처럼 보이는 것은 사고의 한계가 빚는 조화에 불과할 터이다. 우리 인간의 사고가 갖는 성향은 예부터 불확실한 미래의 전망보다 시재의 현실이나 과거에 집착하는 습관이 강한 듯하다. 그리하여 창세기 때 소돔 성을 빠져나온 의인 롯의 아내가 뒤를 돌아본 것이 빌미가 되어 소금 기둥으로 굳어버린 성서의 고사처럼, 이런 인간의 사고 성향으로 하여 9의 신세 또한 불행한 소금 기둥이 되고 만 것이 아니겠는가 한다.

미래 지향적으로 보면 9는 어디까지나 한 단계 높은 윗수에의 도약을 예비한 희망의 상징 같은 숫자이다. 9를 지나야만 마침내 두 자리 수인 10이 도래하는 것이니 9야말로 어느 수보다도 새로운 경지에의 향상을 기약하는 요긴한 숫자가 아닐 수 없다. 비록 9 이전의 내력이 불행했다 하더라도 그것을 청산하는 지혜를 제공하는 것이 9가 갖는 미덕이요, 그 불행을 딛고 일어서는 용기를 일깨우는 것도 9의 몫이 된다. 이런 9의 수가 무리를 이룬 날을 가일로 잡아 미래의 행복을 지향하는 젊은이들이 다투어 화촉을 밝히는 일이 결코 부질없는 풍속만은 아닐 듯하다.

돌아보면 암담했던 식민지 시대를 지나, 동족상잔의 전쟁과 분단의 아픔이 가슴을 에는 우리 민족 수난의 20세기가 막을 내리는 1999년.

> 나두야 간다/나의 이 젊은 나이를
> 눈물로 보낼 거냐/나두야 간다.
>
> —박용철 〈떠나가는 배〉에서

그 시련의 역사를 접고, 밝아 오는 새 천년의 넓은 바다를 향해 희망의 돛대를 달고 떠나가는 '젊은 한국'이라는 이름의 배. 어떻게 눈물로야 보낼 수 있겠는가.

(1999)

말동무

제목이 무엇인지는 잊었는데, 모파상의 단편 중에 대충 이런 줄거리의 작품이 있었던 것이 기억난다.

고향의 생가에서 팔순이 넘도록 붙박이로 지낸 노인이 혼자서 쓸쓸히 살고 있다. 아내와 자식까지 사별하고, 원체가 내성적인 성격에 한곳에서 다람쥐 쳇바퀴 도는 무미한 생애를 보낸 터수여서, 별로 되새길 만한 추억거리도 없이 그저 죽을 날만 기다리며 따분한 하루하루를 살아가는 처지이다. 추억거리가 있다면 총각 때 단 한 번 뒷집 처녀에게 짝사랑의 불꽃을 가슴속에 태운 적이 있을 뿐이다. 그러나 그녀와는 변변히 눈길 한번 나누어 보지도 못하고 그 처녀는 먼 곳으로 시집을 가버렸다.

그러던 어느 날, 그의 집에 어떤 노부인이 찾아왔다. 뜻밖에도 머리에 성성한 세월을 인 옛날의 뒷집 처녀였다. 어리둥절한 노인에게 그녀는 양해를 얻고 감개가 무량한 표정으로 집 안을 샅샅이 둘러보았다. 그리고는 가집이며 구조가 꼭 자기가 상상했던 그대로라고 한다. 그녀는 이 집에 시집오는 것이 처녀 때의 꿈이었다고 했다. 지금은 홀몸이 되어 오랜만의 친정나들이로 고향을 찾아온 것이었다. 두 사람은 마침내 손을 마주잡고 회한의 눈물을 흘렸지만, 그러나 하염없는 세월 앞에 그들은 너무 늙어 있는 것이다.

KBS에서 매주 방영하는 'TV는 사랑을 싣고'라는 프로를 즐겨 본다. 주로 스타급의 인기인이 나와 어릴 때 좋아한 이성친구를 찾아 스튜디오에서 만나는 것이 정석처럼 되어 있는 프로인데, 출연자의 풋사랑은 대부분의 경우 초등학교 시절 같은 반 아이와의 사이에서 이루어진다. 그 사연을 재구성한 화면에서 천진스럽기만 한 어린아이들이 자기가 좋아하는 이성친구에게 '좋아한다'는 말을 스스럼없이 하는 것을 보면, 남녀 7세 부동석의 울타리 안에서 이웃 소녀에 대한 짝사랑의 꿈을 가슴속에 안타깝게 묻고 지낸 나의 어린 시절과 견주어 사뭇 격세지감이 크다. 한편 고만한 또래의 손자들 얼굴이 떠오르면서 문득 미소가 비어지기도 한다.

그러나 뭐니 해도 이 프로의 클라이맥스는 그 풋사랑의 커플이 재회하는 장면이다. 꽤 이슥한 세월 뒤의 대면인지라, 숙성한 모습만큼 그들의 인생은 제 나름의 길을 걷고 있다.

더러는 미혼인 경우도 있지만, 이미 한쪽이 다른 사람과 결혼을 했거나 두 사람이 모두 남의 아내나 남편이 된 몸이어서 첫사랑의 결말 치고는 적이 아쉬움을 남기는 만남이 많은 것이다. 아무튼 두 사람은 옛날처럼 손을 잡고 무대를 물러나는 것이지만, 그들의 후문을 우리는 알 바가 없다. 모파상의 소설에 애틋한 두 늙은 남녀의 뒷이야기가 없었던 것과 마찬가지로.

고향에 있는 친구 J군이 칠순의 나이에 재혼을 했다. 수년 전에 상처를 하고 자식들도 모두 분가하여 객지로 나가, 혼자 대물림의 집을 지키며 살다가 재혼한 것이다. 상대방은 같은 나이인 초등학교 동기생이다. 그렇다고 일찍이 짝사랑을 했거나 풋사랑을 나누었을 리는 없다. 왜냐하면 말이 동기생일 뿐이지 학창 시절에는 얼굴조차 맞대할 계제가 없었기 때문이다.

일제 말엽, 졸업을 즈음해서 같은 시내에 있던 미션 계통의 여자 학교가 이쪽 학교로 병합되면서 남자뿐인 우리 학년에 명색만의 여자 동기생이 생긴 것에 불과하다. 그래도 중년을 넘어서 그네들과 동기 모임을 한 것이 그들이 늦깎이로 맺어진 실마리가 된 듯하다.

이 노경의 성혼을 두고 친구들 간에 객담이 오갔다.

"늙은이끼리 뭘 하겠다고 이 나이에 새장가를 가나?"

"왜? 이야기 친구도 되고, 동기생끼리니 노후에 오순도순 지내기는 안성맞춤의 짝이지."

"하긴, 이제는 손자도 슬하에 없으니 말동무가 필요는 하겠구나." 하고는 마주 웃었다. '말동무'의 꼬리에는 실담인지 패설인지는 몰라도 고향 언저리에 나도는 우스갯소리가 붙어 있다.

홀아비가 된 노부에게 아들과 며느리가 시중이라도 들게 하기 위해 나이가 걸맞은 늙은 홀어미 한 분을 구해 새어머니로 모시겠다고 제의한다. 그러나 노부는 "이 나이에 무슨!" 하고 완강하게 고개를 저었다. 아무리 권유해도 듣지 않자, 아들은 아버지의 친구를 찾아가서 설득해 달라고 부탁했다. 친구가 와서 "이 사람아, 왜 안 하겠다는 건가? 늘그막에 말동무도 하고 얼마나 좋노." 하고 타이르니까, 화를 벌컥 내면서 "말동무나 할 바엔 손자하고 하지. 무슨 늙은 할망구가 필요해!" 하는 것이었다.

지난봄에 동기생 모임이 있어 내려갔더니, J군 내외가 나란히 나와 있었다. 쑥스러운 티는 조금도 없고, 두 사람의 표정에는 한결 풋풋한 생기가 감도는 듯했다.

"말동무가 나란히 있으니까 보기 좋은데."

누군가가 흰소리를 던지자 장내는 허물없는 웃음꽃이 만발했다. 미상불 보기가 좋았다. 모파상의 소설이 이쯤의 해피 엔딩을 선사했던들 가여운 늙은 두 사람의 운명은 그나마 구원의 빛을 만나 보상될 수 있지 않았을까 싶다. 물론 작품으로서는 사족이 되겠지만.

(1999)

바보상자

시골에서 살다 보니 하릴없이 '바보상자'(TV)의 단골이 될 수밖에 없다. 좋아하는 야구나 축구 경기를 이 후미진 산골 방안에 앉아 간편한 리모컨의 조작 하나로 일목요연히 구경할 수 있으니 문명이 고안해낸 이기 치고는 단연 으뜸으로 꼽아야 할 놈이 TV가 아니겠는가 하고 새삼 찬탄해 마지않는 것이 요즘의 일과가 빚어내는 나의 생각이다.

잽싸게 공을 몰고 가는 선수의 동작을 좇아 요리조리 발끝을 비비꼬다가 골 문전에서 그만 실축을 하게 되면 "저런 병신!" 하고 나도 모르게 소리를 지르는 광경을 누가 옆에서 지켜본다면 숫제 가관이라 할 것이다.

그 가관의 목격자가 아내이기에 망정이기는 하나, 그것이 노상 가관일 수만은 없는 것이 수삼 년 전부터 혈압 강하제를 장복하고 있는 나에 대한 그녀의 걱정이다. "그냥 보고 즐기기만 하세요." 왜 나이답지도 않게 덩달아 기를 쓰고 신경을 곤두세우느냐는 핀잔이 뒤따르게 마련이다. 나이답지 않다는 것은 분수없는 거동이 바보스럽다는 말일 터이다.

그러나 그러는 그도 TV를 마주하고 앉으면 별수 없는 바보가 된다. 즐겨 보는 드라마에 넋을 빼앗겼다가 느닷없이 웃음을 터뜨리는가 하면 어떤 때는 연방 휴지를 뽑아 눈물을 닦아내는 모양새가 결코 그냥 보고 즐기는 경황은 아니다.

그런데 이처럼 주책바가지를 씌워서 사람을 바보 꼴로 만드는 요술상자 같은 집물에 발목이 잡혀 일상을 살고 있는 것이 나를 포함한 시쳇 사람들의 생태가 아닌가 싶다. 세간이라곤 씻은 듯이 가난한 단칸방에도 이 왕청된 가전제품만은 의젓이 도사리고 있을 만큼의 엄청난 보급실태를 감안해서도 그렇거니와, 우선 나부터가 신문을 받아들면 으레 TV 프로가 실려 있는 지면부터 챙겨 보게 마련인 어이없는 습관으로 미루어서도 족히 짐작되고 남을 일인 성하다. 신문 얘기가 나왔으니 말인데, 유구한 동안 언론의 큰손으로 군림해온 신문도 TV라는 새로운 매체 앞에 무릎을 꿇는 형세가 완연하다.

첫째, 전파와의 경쟁인지라 항상 뒷북을 쳐야 하는 사건 기사나 정보의 전달은 구문이 될 수밖에 없다. 그것도 영상 화면을 통해 사건 현장을 직접 보여주듯 하는 TV의 화사한 보도 기능을 당해낼 재간이 없다. 그 기능의 진면목은 미사일이 난

무하는 '걸프 전쟁'판의 생중계에서 이미 명증되고 남은 터다. 그건 그렇다 하고라도 무엇보다 신문이 두 손을 들 수밖에 없는 근본 요인은 언론을 대하는 시쳇 사람들의 취향에 있다. 사지선다형으로 길들여진 독자들의 인식 구조는 읽는 수고와 지적 사고를 강요하는 활자 매체를 싫어한다. 신문의 판매 부수를 가름하던 연재소설이 TV 드라마에게 안방을 내어준 지가 오래다. 같은 거짓말도 활자로 읽는 것보다 눈으로 보고 귀로 듣는 편이 훨씬 그럴듯한 법이다. 그래서 대권을 노리는 정치인은 지상을 통해 구차한 정견을 구질구질 늘어놓기보다 직접 TV에 나와 건곤일척의 승부를 거는 방법을 택한다. 또 그것이 가장 씨알 먹히는 길이 되기도 한다.

이렇게 TV는 무소부지의 위력을 지닌다. 이 막강한 위세 앞에 신문이 무가내하 백기를 쳐든 뚜렷한 증거는 내가 신문을 받자마자 챙기는 그 TV 프로가 극명하게 말하고 있다. 금쪽 같은 지면을, 그것도 연휴가 되면 미리부터 몇 쪽씩을 할애하여 경쟁 매체가 방송하는 프로그램을 해설까지 덧붙여 소상히 소개하는 것이니, 독자적인 권위를 자랑하는 신문으로서는 아예 자존심을 접어놓고 하는 울며 겨자 먹기의 노릇이 아닐 수 없다.

이런 TV를 '바보상자'라고 한다. 사람을 바보로 만드는 기물이라는 뜻일 것이다. 화면의 영상에 사로잡혀 멍하니 바라보는 표정을 보면 짜장 바보 같기는 하다. 주책없이 흥분하고 울고 웃는 모양이 바보스럽기도 하다. 그러나 이런 차원의 현상을 두고 생긴 결말은 아닐 터이다. 왜냐하면 TV를 보다가 앙분 졸도하여 죽었다는 소식은 가끔 지상을 통해 본 적은 있어도 갑자기 바보가 되었다는 얘기는 아직 듣지 못했기 때문이다.

오래되어 책 이름은 잊었지만, 실지회복失地恢復을 꿈꾸는 유태인들 사이에 오래 전부터 전해 내려오는 예언서라는 것을 읽은 기억이 난다. 문명의 발달이 필경 인류의 멸망을 가져온다는 일종의 말세론 같은 것인데, 그 속에 TV의 출현을 예언한 대목도 들어 있었다. 어렴풋하지만 '인간을 바보로 만드는 네모난 상자'라고 기술하고 있었던 걸로 기억된다. 혹시 '바보상자'라는 말이 여기에서 연원한 것은 아닌가 하는 생각이 들기도 한다. 아무튼 TV가 갖는 역기능을 두고 생긴 경고성 결말임에는 틀림이 없을 듯하다.

그러면 왜 TV가 사람, 아니 인류 전체를 바보로 만들어 마침내 멸망으로 이르게 하는 액물이라는 것일까? 멸망은커녕 이 '네모난 상자'가 빚어내는 다양한 조화 가운데는 공해 문제를 위시하여 개인의 건강에 이르기까지 인류의 생존과 복지를 위한 매우 유익한 프로들이 얼마든지 있지 않은가. 그런데도 바보상자라니 무슨 망발일까? 그 빌미는 주접이 들고 있는 신문의 신세가 말해 주듯, 문자 문화의 몰락에 있다. 영상 매체에 중독된 사람들은 책을 읽는 흥미보다는 책을 읽을 필요를 느끼지 않는다. 필요한 지식과 새로운 정보는 영상을 통해 보다 손쉽게, 보다 신속히 재미까지 곁들여서 얻을 수가 있는 것이다. 여기에 한술을 더 떠 컴퓨터라는 무소불위의 새로운 '네모상자'까지 나타나 정보화 사회의 필수적인 가장 집물로 등장하였으니 마침내 '책 무용론'이 바로 눈앞의 현실로 대두되고 있는 형편이다.

그러나 인간은 '생각하는 갈대'다. 생각은 언어를 낳고 언어는 문자를 통해 생각을 재생산하게 마련이다. 위대한 인간 정신과 문명의 발달도 따지고 보면 이 프로세스가 빚어낸 산물에 불과하다. 그 지중한 '생각의 프로세스'에 원동력의 구실을 하는 존재가 책임은 두말할 나위가 없다. 말하자면 이 책의 구실을 영상 매체로 대체한다는 것이 '네모난 상자 중독증'을 앓는 현대인의 궁리인 셈이다.

그리하여 급기야는 문학인 사이에서도 '사이버 공간을 통한 창작'이니 '인터넷 문학'이니 하는 궁여의 방책이 진지하게 모색되는 지경에 이르렀다. 하지만 이미 활자문화의 영역을 벗어난 독자들의 관심이 문학이라고 하여 '네모 상자' 속에서 그것을 찾아 차분히 음미하리라는 것은 숫제 연목구어緣木求魚의 기대가 되지 않을까 싶다.

불후의 문학 ≪전쟁과 평화≫를 각색하여 잘 만들어 놓은 영화로 감상한다. 미증유의 제작비를 들여서 만든 이 영화 속에서 우리는 톨스토이의 그 웅대한 구상과 깊은 세계를 속속들이 읽을 수는 없다. 형성 과정의 디테일이 공제된 '생각'의 열매나 표피만을 형상하기가 고작인 것이 영상 문화가 갖는 한계성이기 때문이다. 이런 영상매체에 현혹하여 책을 없이 한다는 발상은 인간에게서 생각하는 능력을 빼앗아 점점 바보로 만들겠다는 궁리나 다를 바가 없다.

요즘 TV를 타고 한창으로 뜨고 있는 인기 가수의 야릇한 몸짓을 향해 이른바 '오빠 부대'들이 열광하는 모습을 보면 마치 바람에 휩쓸리는 갈대의 아우성을 듣는 느낌을 받는다. 그러니 새 세대를 위해서도 마땅히 '바보상자 추방 운동' 같은 것을 벌여야 할 계제인데, 막상 그것이 없어지면 반쯤은 바보가 된 나부터가 아쉬움을 겪어야 할 판이니 참으로 딱하고 맹랑한 일이다.

(2000)

가면假面

요즘 TV 드라마를 보고 있으면, 거기에 나오는 탤런트들의 세련된 연기 솜씨에 괄목할 때가 많다. 특히 눈물을 흘리는 장면을 보면 신기한 느낌마저 든다. 내가 일찍이 귀동냥으로 아는 상식은 안약 같은 것을 넣어서 하는 시늉이었는데, 그런 것이 아니다. 붙박이로 비추는 카메라 앞에서 다따가 멀쩡한 눈에 샘솟듯이 괴어 얼굴을 범벅으로 만드는 것이니, 아무리 보아도 진짜 눈물임이 분명하다. 그러니까 정작으로 우는 것이다. 그것이 가능한 노릇일까?

눈물은 절실한 감정이 자아내는 진실의 표현이다. 배우가 하는 연기니까 각본과 연출을 좇아 표정이나 동작은 감쪽같이 해낼 수가 있겠지만, 자기 감정의 밑바닥에서 우러나는 눈물을, 그것도 시의에 꼭 맞추어 거짓으로 지어낼 수가 있는 것인가? 생각할수록 불가사의한 일이다.

그러나 그 방면의 사정에 조예가 있는 사람의 말을 들어보면 그다지 신기할 것이 없다는 설명이다. 각본을 외우는 동안 그 장면이 갖는 상황 속에 자신의 감정과 의식까지를 용화鎔化시키는 것이 옳은 연기자의 구실이라는 것이다. 그러다 보면 울어야 할 대목에서는 저절로 눈물이 흐르게 마련이다. 이것은 연기가 갖는 경지의 세계일 터이다.

하지만 연기는 어디까지나 각본이라는 허구의 세계를 형상화하는 행위에 불과하다. 극언한다면 거짓의 꼭두각시 노릇을 하는 것이 연기자이다. 비극의 주인공이 하루아침에 희극 배우로 분장하여 관중을 웃기기도 하고, 악역을 맡아 증오의 과녁이 되는 인물이 동시에 방영하는 다른 매체의 화면에서는 모습을 바꾸어 아주 착한 지아비로 등장하는 것이 연기자가 하는 구실이다.

이런 변전무쌍한 배역을 매우 스스럼없이 육화시켜 실감나게 연출하는 행태만으로 보면 그의 인성 자체에 의심이 가기조차 한다. 어떻게 보면 조삼모사를 일삼는 위인이 아닐까 하는 생각이 들기도 하는 것이다. 옛날의 탤런트('재능'이라는 뜻에 기원하는 명칭이라고 한다.) 광대가 천시를 받은 소이연所以然인지도 모른다.

대중의 인기와 선망을 한몸에 입고 있는 시쳇 세상의 탤런트를 기왕의 광대에 견주는 것은 어폐가 있을 성하나, 따지고 보면 맥을 같이하는 직분이다. 물론 '광대'라면 판소리, 춤, 줄타기, 땅넘기에 이르기까지 모든 연예에 종사하는 자를 호칭한 것이지만, ≪고려사≫의 문헌에 의하면 '가면을 쓰고 놀이하는 사람假面爲戲者'이 '광대'라고 했으니, 산대놀음과 같은 가면극에 나오는 놀이꾼이 그 주류를 이룬다고 볼 수 있다. 오늘날의 배우나 탤런트가 비록 가면을 쓰지 않았을지언정 자기가 아닌 다른 인물로 분장하는 구실이 탈을 쓴 것이나 다를 바가 없다. 말하자면 탈바가지 뒤에 자신의 정체를 감추는 것이 광대나 탤런트의 직분이며, 또 그 '가면'의 경지에 충실할수록 옳은 연기를 할 수 있는 것이 그들의 세계이다. 울어야 할 판국에서 자의식이 작동한다면 눈물이 나올 수는 없는 것이다. 그래서 속담에서도 제 구실을 못하고 아무데도 소용이 없는 것을 "광대 끈 떨어졌다."고 한다. 탈바가지의 끈이 떨어져 맨 모습이 드러나면 광대는 제 구실을 못하게 된다.

그러나 "양의 탈을 쓴 늑대"란 말이 있듯이 사람이 가면을 쓴다는 것은 도대체가 유쾌한 일은 아니다. 국회의원을 뽑는 선거철을 맞아 숱한 늑대들이 양의 탈을 쓰고 판을 설치는 가관도 그러하다. 출마자 중에는 별의별 전과자들이 우글우글하다는 소식이다. 입심 하나로 행세하는 이들이 토해내는 선거공약을 경청하면 배우들이 외우는 대사 못지않게 진지하고 그럴싸하게 마련이다.

그러나 두고 보면 양의 탈을 빙자한 늑대의 공약空約에 불과하기가 일쑤인 것이다. 이런 정치꾼들의 가면을 쓴 짓거리가 진짜 광대들이 벌이는 이물 없는 놀이판이 아니고, 정작 나라의 형편을 주름잡을 일꾼을 뽑는 마당에서 이루어지는 것이니 한심하고도 송연한 일이 아닐 수 없다. 이런 맥락의 가면에 대한 선입견 탓인지는 몰라도 나는 TV가 방영하는 인기인들의 독지나 선행 장면을 살가운 눈으로 보지 않는 버릇이 있다. 프로를 담당한 제작진의 기획이 아니면 자신의 이미지 관리를 위해 치르는 의도적인 행사이거니 하고 대수롭잖게 여긴다. 오랫동안 거르지 않고 보호소를 찾아가 지체부자유아를 돌본다는 어느 여성 탤런트의 행색을 다룬 프로를 보았을 때도 그랬다. 독행의 동기를 묻는 르포 담당자에게 그녀는 얼마큼 쑥스러운 표정을 짓고, 그러나 진지한 어투로 "내 아이는 절대자가 나를 통해 주신 선물입니다. 다른 아이들도 마찬가집니다. 그러니 불쌍한 아이들을 도와야죠." 하고 대답하는 것이었다. 이 숙연한 말조차 처음에는 미리 외워둔 깜찍한 대사쯤으로 치부했던 것이다. 그러나 그것이 진정에서 우러난 술회임을 깨달은 것은 그녀의 여러 가지 행장과 퍼스낼리티에 대한 정보를 우연찮게 접한 뒤의 일이다.

TV의 대담 프로에 빼어난 연기로 주연상까지 받은 탤런트가 아내를 동반하여 초빙되어 나온 적이 있다. 금슬이 좋기로 연예계에서 이름이 나 있는 커플이라고 했다. 그들의 단란한 신혼 생활 얘기가 오간 뒤에, 사회자가 갑자기 부인 쪽을 향하여 "결혼 후에 남편으로부터 '사랑한다.'는 말을 몇 번이나 들었느냐?"고 물었다.

그러자 뜻밖에도 한번도 들어본 적이 없다는 것이다. 그 연유를 남편 쪽에 묻자, 그는 "드라마가 아닌데, 어떻게 진정으로 사랑하는 사람에게 '사랑한다.'는 말을 할 수 있느냐?"고 했다. 가면 뒤에 가려져 있던 그의 참모습이 와 닿는 느낌을 받았다.

불우한 사람들을 몸소 돌보는 일이나 사랑하는 사람에 대한 마음의 진실, 더욱이 국가와 국민의 명운을 가름하는 정치는 허구의 세계가 아니다. 어떻게 가면을 쓴 행태만으로 갈무리할 수가 있겠는가.

(2000)

맞담배

시골집에 찾아온 큰아이가 저녁 식사를 마치자 슬그머니 자리를 떴다. 화장실에 가는가 했는데, 현관문을 열고 밖으로 나가는 기척이다. 담배를 피우기 위한 행색이 분명했다. 세밑의 추위가 무척 매서운 바깥 날씨여서 안쓰러웠지만 어쩔 수 없는 일이다. 웃어른 앞에서는 담배를 피우지 않는 것이 예부터 내려오는 우리 사회의 법도이니 식후 일복을 즐기자면 부득불 아비 앞을 벗어날 수밖에 없는 노릇이다.

문득 옛 생각이 40년의 세월을 넘어 오버랩되어 떠오른다.

출장길을 틈타 오랜만에 고향집에 들렀을 때의 일이다. 낮잠을 주무시다 일어나 인사를 받으신 선친께서는 머리맡의 담뱃갑을 끌어와 한 대를 뽑아 입에 무셨다. 내가 불을 붙여 드리자 한 모금 피우고 나서 느닷없이 그 담뱃갑을 내 앞으로 밀어

주시며 "너도 피워라." 하시는 것이었다. 잠이 덜 깨어 하시는 말씀인가 하고 어리둥절해 하는 나에게 선친께서는 재차 명토를 박듯 "괜찮다, 피워라." 하시는 것이 아닌가. 그리고는 "술과 담배는 본래가 도타운 음식이야. 친한 사람끼리 나눌수록 제 맛이 나는 것이 술과 담배다. 다른 어른들은 몰라도 아비 앞에서는 피워도 된다. 이 세상에 부자간만큼 좋은 친구가 어디 있노." 하시는 것이었다.

성정이 호방하여 평소부터 속례에 대범하신 선친께서 능히 하실 수 있는 소신의 피력이기는 하나, 그 충정의 속내를 짐작 못할 바가 아니었다. 그 무렵 줄담배를 피우던 나는 그지난번의 귀성 때, 모처럼 찾아온 아들과 마주앉아 차분히 정담이라도 나누고 싶어하시는 선친의 낌새에는 아랑곳않고 문밖출입을 참새 방앗간 드나들듯 했으니 그것이 못내 마음에 아쉬웠을 터이었다. 혼자 방에 남아 담배를 피우시며 내가 돌아오기를 안타깝게 기다리시는 선친의 모습이 눈앞에 선하다.

그 처연한 심사를 40년이 지난 지금 숫제 내가 물려받아 실감하고 있는 셈인데, 그렇다고 선친의 '맞담배론'을 새침하게 주장할 수도 없는 처지이다.

왜냐하면 나는 건강을 빌미로 이미 10년 전부터 담배를 끊었기 때문이다. 그래서 자리에 돌아온 큰아이에게 불쑥 나무람조의 훈계 한 마디를 던질 수밖에 없었다.

"몸에 해롭다는데, 너는 의사醫師가 돼가지고 아직도 담배를 피우고 있냐?"

(2001)

안경알을 닦으며

입김을 불어 무심코 안경알을 닦고 있는데, 문득 뜬금없는 서글픔이 마음자락을 스치면서 정지용鄭芝鎔의 시 구절이 영상으로 떠오른다.

> 유리에 차고 슬픈 것이 어른거린다
> 열없이 붙어 서서 입김을 흐리우니

이렇게 시작되는 〈유리창(1)〉은 내가 평소부터 절창으로 꼽는 우리나라 시 가운데서도 순수미의 극치를 이루어낸 명작으로 즐겨 외우는 시이기도 하다.

특히 인용한 대문의 두 구절을 읊조리며 가만히 음미하면 시정에 어린 차분한 감상이 심장의 피를 절로 맑혀주는 느낌을 받게 된다. 이른바 시적 카타르시스의 작용인지도 모른다. 내가 입김을 불어 안경알을 닦으면서 혀끝에 익은 이 시 구절이 떠오른 것은 연상 심리의 매우 자연스런 현상이라 할 수 있다. 그런데 그 연상 심리를 추스른 서글픈 감정은 무엇에서 연유한 것일까?

언제부터인지는 몰라도 나이를 먹으면서 나의 의식을 엄습하곤 하는 늙음에 대한 자각 증상이 빚어 놓는 실없는 감상인 성싶다. 흐려진 시력 때문에 수년 전부터 쓰고 다니는 안경을 손질하면서 '마침내 나도 늙었구나!' 하는 생각이 새삼스럽게 와 닿는 것이다.

그리고는 마음이 서글퍼지는 것이다. 이렇게 서글퍼지는 심사의 바탕에는 맨눈으로도 으레 1.5의 시력을 과시하던 한창 시절의 나의 정체성을 거느리는 자의식이 깔려 있게 마련이다. 그것이 늙음에 수반한 시력 저하라는 자각 증상과 맞물려 분열감을 자아낸 것에 불과하다. 신로불심로身老不心老의 모순이 빚는 이와 같은 심정의 부조리 현상은 비단 눈뿐이 아니라, 전에 없이 굼뜬 몸놀림이나 어이없게 감퇴한 기억력 등 무릇 늙음의 징후를 자각할 때면 버릇처럼 깃드는 요즘의 정서이기도 하다.

이것은 생로병사의 덧없는 마련 속에 사는 인생의 누구나가 겪는 노령기에 느끼는 마음의 낌새가 아니겠는가 한다. 그래서 몽테뉴도 〈나이에 대하여〉 수상하는 글에서 "늙음은 얼굴보다 마음속에 더 많은 주름살을 잡는다."라고 했으니 바로 이런 경애의 심사를 두고 피력한 말에 다름 아닐 것이다. '마음의 주름살'은 얼굴의 그것과 마찬가지로 '세월'이라는 불가항력에 의해 새겨지는 늙음의 증표이다.

그러니까 늙음은 흐르는 세월의 앙금이라고 할 수 있다. 세월이라는 거대한 자연의 눈으로 보면 인간은 줄기찬 흐름 위를 떠가는 부유물浮遊物이고, 늙음이란 그 흐름에서 소외된 침전물일 뿐이다.

그래서 노령의 인생은 '세월'이라는 덧없는 현실에서 소외감을 느낀다. 그 세월을 타고 부유하던 한창 시절의 자아에 집착하는 마음도 소외감에서 오는 부질없는 정서이지만, 덧없는 세월의 실상과 그 속에서 침잠한 자아를 고즈넉이 관조하고 헤아리는 지혜도 소외자의 몫이 된다. 왜냐하면 현실의 흐름에서 소외된다는 것은 그만큼 자신이 경황없이 휩쓸려 떠내려온 흐름을 객관으로 바라볼 수 있는 거리와 여유를 갖는 것이기 때문이다. 한창 시절의 젊음이 이를 수 없는 허심탄회의 경지도 누릴 수가 있는 것이다. 늙음이 객관화하여 바라보는 사상事象은 보다 투명하고 순수한 리얼리티를 지닌다.

두 노인이 길을 가다가 지나가는 젊은 여인에게 눈길이 머물렀다. 눈이 부시게 아름다운 미인이었다. 한 노인이 "기막힌 미인이로군! 이렇게 아리따운 여자는 내가 보기에 처음인 것 같다."라고 감탄하자, 동행하던 노인이 "늙은 주제에 쥐뿔나게 무슨 미인타령이야. 주책없게시리." 하고 핀잔을 주었다. 그러자 첫째 노인 왈, "늙은 눈에도 미인은 미인이야." 하고 내처 황홀한 표정으로 되받는 것이었다.

이 삽화에 등장하는 두 노인의 미인을 보는 관점에는 차이가 있다. '늙은 주제'를 내세운 노인의 미인을 관찰하는 눈에는 에로티시즘적인 자의식이 작용한다. 그것이 그림의 떡일 수밖에 없는 대상의 미인과 맞서면서 '늙음'이라는 열등감을 자아낸 것이다. 그런데 그 경역을 초월한 노인은 '미인은 미인'일 수밖에 없는 미 그 자체의 리얼리티를 감상했을 뿐이다. 그럼으로써 대상이 갖는 순수한 미가 가슴에 와 닿은 것이다. 이것은 한창 시절의 자아가 여과된 뒤의 명경지수와 같은 마음자리에서만이 깃들 수 있는 노경의 청복이 아닐 수 없다.

그러나 소외자는 고독하다. "열없이 붙어 서서" 유리창 너머로 바깥을 내다보는 슬픈 존재에 불과하다. 그래서 30대의 겉늙은이 정지용도 그런 심사와 자세를 하고 유리창 너머로 "새까만 밤"을 응시하는 것이다. 물론 "새까만 밤"은 일제가 지배하는 암흑 같은 식민지의 바깥세상이고, 그것을 바라보는 시인은 스스로 그 어둠의 세계에서 소외된 나라 잃은 슬픈 지식인이다. 그는 연방 밀려왔다가 밀려나가는 어둠의 실체를 천착하느라 입김을 불어 가로막은 유리를 닦고 또 닦는다.

그 때마다 유리에는 "차고 슬픈 것"이 어른거린다. "차고 슬픈 것"은 지적으로 승화된 시인의 감상이다. 그것으로 흐리우고 지우며 닦아낸 유리는 비로소 본연의 투명성을 드러낸다. 마침내 시인의 눈에는 "물 먹은 별이, 반짝, 보석처럼" 와 박힌다. 조국 광복에 대한 시인의 아득한 소망의 빛이었을 것이다.

> 밤에 홀로 유리를 닦는 것은
> 외로운 황홀한 심사이어니

식민지의 흐름 밑에 가라앉아 소외자의 고독을 안고 자신이 추구하는 순수한 시심의 유리창을 통해 어두운 시대의 밤을 지켜보던 심로心老한 시인 정지용의 고담한 세계가 손에 잡힐 듯 영롱하게 유로된 표백이 아니겠는가.

정작으로 늙음의 소망스런 경지가 이러해야 할 듯하다.

내가 한갓 육신의 눈을 밝히기 위해 안경알을 닦으며 마음이 서글퍼진 것은 이와 같은 경지가 아쉬운 탓이었을 것이다.

(2002)

■ 연보

1928. 10. 9.	경남 진주晉州에서 출생(음 8. 26).
1941.	진주봉래초등학교 졸업.
1943.	도일渡日, 동경에서 중학 입학.
1945.	해방으로 귀국, 경남상고 편입.
1948.	동인지 ≪문학청년≫에 시와 단편소설 발표.
1949.	홍익대학 국문과 입학. 현대출판사 근무.
1950 ~ 1982.	경찰전문학교 입교, 서울시경국장으로 퇴임.
1954.	월간 ≪새가정≫에 첫수필 〈나의 잊을 수 없는 소녀〉 발표.
1962.	단국대학 법과 졸업.
1970.	≪부산일보≫에 칼럼 연재.
1974.	≪월간문학≫에 수필 〈아아 청자〉로 등단
1977.	한국수필문학진흥회 충북지부장.
1986 ~ 1998.	한국수필문학진흥회 부회장.
현재	한국문인협회, 국제펜클럽, 수필문우회 회원.

• 수필집

1982.	≪바람이 머물고 간 자리≫
1988.	≪열려 있는 창≫
1997.	≪대장닭≫
2007.	≪안경알을 닦으며≫ 등.

현대수필가 100인선 · 04
박재식 수필선

세월의 바람 속에

초판인쇄 | 2007년 10월 20일
재판발행 | 2009년 6월 15일

지은이 | 박 재 식
펴낸이 | 서 정 환
펴낸곳 | 좋은수필사

주 소 | 서울시 종로구 익선동 30-6
운현신화타워 빌딩 3층 305호
전 화 | 02)3675-5635, 063)275-4000
등 록 | 1984년 8월 17일 제28호
홈페이지 | http://www.shin-a. co. kr
e-mail | essay321@hanmail.net

값 7,000원

ISBN 978-89-5925-251-0 04810
ISBN 978-89-5925-247-3 (전 100권)